国家自然科学基金资助项目（71701137）

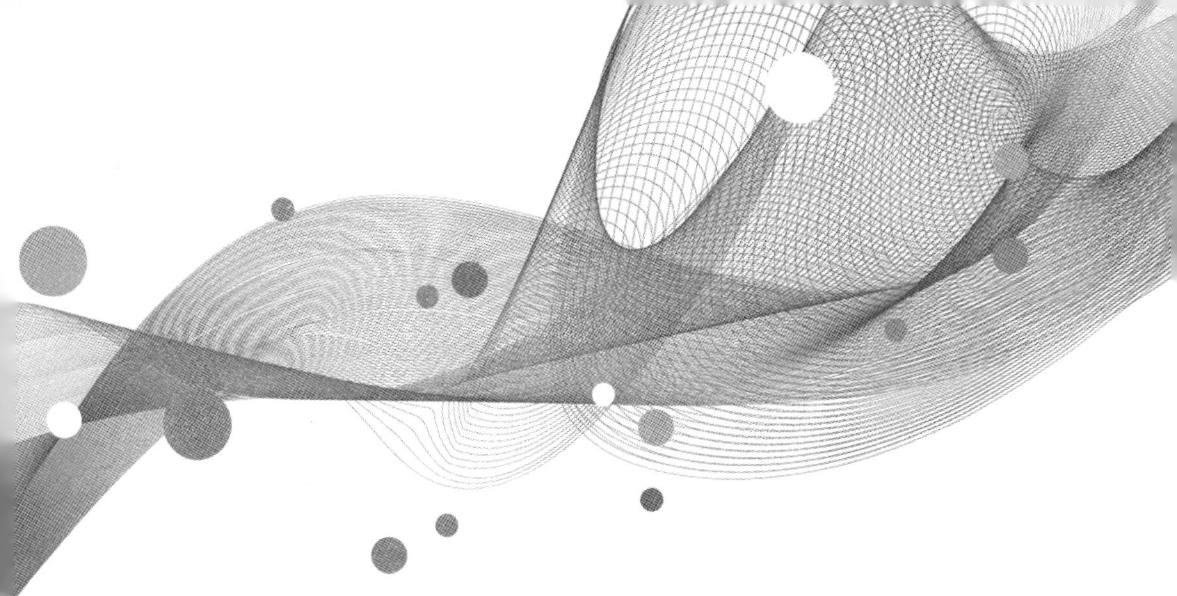

考虑延迟提醒的呼叫中心人力资源调度方法研究

于淼　赵愈　孔凡文◎著

中国纺织出版社　国家一级出版社
全国百佳图书出版单位

内容提要

本书以中国移动通信集团辽宁有限公司开发项目为依托，从企业实际出发，以多服务台的呼叫中心排队系统研究为对象，针对带等待时间提醒的运营模式，研究了呼叫中心排队性能近似以及坐席人员配置问题，并且开发了相应的求解算法。本书为带有延迟提醒的呼叫中心建立了一套相应完整的人力资源调度优化理论及应用方法。研究成果不仅在理论上丰富和发展了呼叫中心运营管理问题，而且可以帮助呼叫中心降低坐席成本，最终提升企业的市场竞争力。

本书适合从事复杂服务系统设计及调度相关研究的人员阅读使用，并可作为高校管理科学与工程专业相关学习的参考资料。

图书在版编目（CIP）数据

考虑延迟提醒的呼叫中心人力资源调度方法研究 / 于森，赵愈，孔凡文著 .—北京：中国纺织出版社，2018. 11（2022.8 重印）

ISBN 978-7-5180-5436-7

Ⅰ. ①考… Ⅱ. ①于… ②赵… ③孔… Ⅲ. ①移动通信—通信企业—呼叫中心—人力资源管理—方法研究—辽宁 Ⅳ. ① F632.731

中国版本图书馆 CIP 数据核字（2018）第 226131 号

策划编辑：顾文卓　　责任校对：寇晨晨　　责任印制：储志伟

中国纺织出版社出版发行

地址：北京市朝阳区百子湾东里A407号楼　邮政编码：100124

销售电话：010—67004422　传真：010—87155801

http: // www.c-textilep.com

E-mail: faxing@c-textilep.com

中国纺织出版社天猫旗舰店

官方微博http: // weibo.com / 2119887771

佳兴达印刷（天津）有限公司印刷　各地新华书店经销

2018年 11 月第 1 版　2022 年 8 月第 4 次印刷

开本：710×1000　1 / 16　印张：11

字数：185千字　定价：58.00元

随着社会经济和科学技术的不断发展，市场竞争的日益激烈，顾客需求的多样性、随机性，使得企业之间的竞争已逐渐由产品竞争转向服务竞争。而呼叫中心作为服务提供者和客户之间联系的主要纽带之一，如何利用先进的科技手段和管理模式让企业的客户服务质量有一个质的飞跃，已经成为管理者和学术界关注的焦点。目前，带有排队延迟提醒模式的呼叫中心已经得到广泛的应用，其中延迟提醒即为向顾客提供呼叫中心所预测的排队等待信息，那么等待的顾客可以像“看得见的队列”一样获知自己的等待信息，并以此决定后续的行为。管理者利用该模式有效地调节需求并缓解了系统的拥堵问题。然而，配合该等待提示技术的人力资源管理方法却没有得到广泛的发展，由于延迟提醒的存在极大地影响了呼叫中心的性能，依然采用固有的坐席人员配置方法必然造成收益的损失。鉴于此，本书结合顾客等待过程中耐心变化特点，设计了带有等待时间提醒的呼叫排队系统，并且提出了相应科学有效的人力资源配置方法。

本书的研究成果以中国移动通信集团辽宁有限公司开发项目为依托，针对单技能多服务台呼叫中心的服务特点，从排队心理学角度出发，结合多种随机过程理论，研究了顾客等待时间提醒模式的设计及其运营过程中的人员配置问题，建立了相关问题的数学模型。根据数学模型的特点，利用排队理论，从不同的目标角度开发了相应的求解算法，并且通过仿真技术对比验证了构建与求解方法的有效性与实用性。其主要研究工作包括五个方面，其中前两部分为等待时间提醒的排队系统的设计模型，后三部分针对建立的排队系统进行的人员配置问题研究，研究内容及具体研究成果如下：

（1）提出了考虑顾客耐心变化的提醒时间决策模型。从排队心理学角度出发，考虑了排队队长对顾客耐心的影响，设计了一类带有等待时间提醒及顾客心理回应的排队系统，并且从两个方面建立了效用值最大化的提醒信息可靠性决策模型，一方面，从呼叫中心效用最大化角度出发，考虑直接退出与中途放弃两类顾客放弃行为约束，并且通过混沌搜索算法求解出最优提醒时间可靠性策略；另一方面，从呼叫中心与顾客双方效用最大化的角度出发，建立了呼叫中心提醒时间和顾客耐心度主从博弈模型，并给出了不同运营模式下的最优提醒时间和效用值的变化规律。

（2）提出了基于马尔科夫近似方法的等待时间提醒模型。针对带有“语音应答系统”的现实呼叫服务中心，研究了顾客接受等待服务过程的耐心分布与变化问题。根据现实中顾客等待数据的拟合与分析，建立了带有超指数顾客耐心的排队模型，在此基础上，利用马尔可夫方法对顾客等待时间的近似与系统基本性能指标的求解，并向该超指数顾客耐心分布的排队系统导入了等待时间提醒功能。为了验证基于马尔可夫方法的等待时间提醒近似模型的有效性，本书还利用通用编程语言 C++ 构建了离散事件调度法建立仿真模型，从而与解析方法下的等待时间提醒排队模型进行对比分析。

（3）提出了等待时间提醒模式下的呼叫中心人员配置模型。从不同的目标函数与性能指标约束角度，建立了两类呼叫中心人员配置模型。一类是以带有等待时间提醒及顾客心理回应的排队系统为研究对象，考虑提醒信息对呼叫中心性能的影响，建立了考虑直接退出与中途放弃两类顾客放弃行为约束的人力资源配置模型，并且通过排队理论得到系统稳态情况下的性能指标计算公式，基于二分法和固定点算法求解最小化的人力资源数量；另一类是通过对顾客等待过程中的满意度细分，刻画了提醒信息满意度、短时间放弃满意度、快速应答满意度等性能指标，从呼叫中心期望效益最大化的角度出发，建立了多服务指标约束的人员配置模型。

（4）提出了考虑顾客满意度的呼叫中心人员配置模型。该问题研究对象主要包含两个部分：一部分以无等待提醒的呼叫中心排队系统为研究对象，在考虑顾客等待满意度与“重复选择”行为的关联基础上，利用排队分析方法，构建了以呼叫中心期望效益最大化为目标的人力资源配置模型；另一部分，以等待时间提醒模式下的呼叫中心为研究对象，考虑了带有提醒模式特点的顾客等待满意度与“重复选择”行为，构建了以呼叫中心期望效用最大化为目标的提醒可靠性与人力资源配置共同决策模型。

（5）提出了基于流体近似方法的呼叫中心人员配置模型。考虑顾客重拨行为与放弃行为对于带等待时间提醒呼叫中心性能的影响，利用一类确定型流体近似方法建立了呼叫中心排队模型，并且求解了稳态条件下的系统性能指标。通过两类排队模型的不同构造方法，其中包括流体方法与马尔可夫方法的提醒排队模型对比，以及流体方法与 C++ 仿真方法的考虑重拨行为的提醒排队模型对比，共同验证了流体近似方法的有效性与精确性。在验证了该流体方法近似效果后，利用该方法进行重拨行为影响下的需求预测分析以及人员配置问题研究。

由于作者水平有限，书中难免有疏漏之处，恳请专家学者批评指正。

目 录
Contents

第一章　绪　论

1.1　问题的背景及研究工作的意义

近年来，科技的进步推动了现代服务业的极大发展，呼叫中心正是这种信息科技进步和服务产业相融合的产物。越来越多的企业需要通过呼叫中心提供销售和售后服务，传统的“价格竞争”正逐步走向“服务竞争”。目前，世界排名500强的大企业中，90%以上的企业都在使用呼叫中心系统，仅全北美地区就有55000多个大大小小的呼叫中心，其雇员总数达600余万人，占北美地区全部劳动力的6%[1]。呼叫中心成为服务提供者和客户之间建立联系的主要纽带，更有越来越多的企业利用呼叫中心进行产业升级。总体来说，呼叫中心已经逐渐渗透到各行各业，并开始引领一场以客户服务为导向的产业革命。

呼叫中心在各商业领域得到广泛应用，它已经成为企业增加竞争力的有效手段。所以，为了持续保证企业的竞争力，呼叫中心必须能够提供高质量的服务。确保多数的呼叫能在短时间里得到应答，需要有充足的人力资源来支持，而人力成本是呼叫中心中最大的开销支出，从经济角度出发，降低成本就要节省人力，并且提高人员利用率。人力成本直接相关问题即坐席服务人员的数目，呼叫中心对于坐席数目的选择其实就是其运作效率和运作质量的一种平衡。目前，呼叫中心人员安排问题的研究重点在于如何安排合理的坐席人员和提供良好的服务提高服务人员的利用率，同时减少顾客等待时间，从而提高顾客的满意度。

在国外，利用电话进行客户服务、市场营销、技术支持和其他特定商业活动的概念早已在很大范围内被接受和采用，尤其电信、金融、银行和保险业等产业的呼叫中心已经发展成主要服务方式之一。呼叫中心在全世界各地尤其是欧洲和北美地区近年来呈现高速发展的局面，目前，产业规模发展最大的呼叫中心要属美国、欧洲和澳大利亚。在美国有超过500万坐席，呼叫中心已经形成44亿美元的行业价值，年销售额达到6500亿美元，并以每年20%的速度递增；欧洲目前的呼叫中心总量已经接近40000个，坐席人员已达230万人以上，并且其规模和范围继续呈现出爆炸性增长[2]；同时，欧美企业为了降低呼叫中心运营成本而将呼叫中心业务不断向海外转移，这使得印度和一些拉美国家的呼叫中心也快速地增长。

在我国，呼叫中心于20世纪90年代中后期被引入，在短短的近20年时间里，中国呼叫中心产业表现出强劲的发展势头，已为越来越多的行业及企业用户所接受和应用。1998年以前，我国的呼叫中心主要集中在电信业（中国电信、中国移动和中国联通）的一些服务领域。然而随着国内专业呼叫中心产品提供商和国内优秀企业纷纷进入呼叫中心市场，推行客户服务中心理念，包括金融、政府及公共事业等行业和部门也开始规模地使用呼叫中心提供相应的服务。目前，中国大陆的呼叫中心产业已经成功发展到了56个产业，产业总体坐席人员数从2001年的10.2万发展到2011年的48万，近几年的年复合增长率一直保持在16%左右。与此同时，飞速增长的呼叫中心产业也暴露出越来越多的运营问题，以中国移动通信集团10086呼叫中心为例，主要问题包括：第一，业务量增长非常迅速，导致呼叫中心忙时话务量增幅大，并且人工成本日益增高；第二，话务流量时间上的不均衡性，呼叫中心月初时话费疑问咨询、业务功能申请以及投诉等业务需求量大，月末时套餐业务变更、上网流量咨询等其他业务需求问题突出；第三，话务流量业务上的不均衡性，主要表现在两个方面，一是呼叫业务种类繁多，坐席人员的多技能要求越来越严格，二是个性化服务增强，不同的业务话务量与变化规律有显著的差异；第四，顾客投诉率居高不下，移动公司需要投入大量的人力和物力改善呼叫质量，旨在提高顾客的满意度和忠诚度。

不同的呼叫中心运作质量和运作效率具有很大的不同。在一个高效管理的大型呼叫中心，一个坐席人员平均一个小时内可以处理数千个来电，其利用率达到90%以上，顾客等待时间都是以秒计算的，顾客呼叫放弃率不超过5%。然而，上述大型呼叫中心只是少数特殊例子，现实中大多数呼叫中心都很难达到兼顾运作质量与运作效率。主要原因在于一是缺少对存在于实践中的顾客行为规律和运作规律的深刻理解；二是呼叫中心的复杂性随着发展不断增长，信息技术与呼叫中心不断深入融合，多媒体服务、网络管理、服务类型多样性等都大大增加了呼叫中心运作的复杂度。鉴于以上现实问题，大多数呼叫中心运营管理引入关键绩效指标管理（KPI），正确的绩效指标可以帮助顾客和呼叫中心管理层更加清楚运作情况和问题所在。任何一个呼叫中心都不可能在任意时期保持每个指标都是高性能，它需要根据自身的商业环节和结构问题选择有用的且重点侧重的性能指标[3]。

在呼叫服务中，处理顾客服务的坐席人员被称为客户关系经理，除了客户关系经理这种人工服务外，许多呼叫中心还使用交互式语音应答系统（Interactive Voice Response，IVR）给客户提供快捷的自助式服务。交互式语音应答系统实际上是一个“自动的客户关系经理”，在客户接入呼叫中心时，可以提供自动的语音导航服务。顾客可以通过电话键盘输入数字与 IVR 交互，提供如账号、期望服务类型等基本需求信息。IVR 则会通过人工合成声音提供顾客所需信息和服务，如可提供业务类型、顾客账户信息、订票基本信息等。当然，随着自然语言识别技术的发展，IVR 未来一定可以识别且处理更加复杂和更加多样的顾客要求。在大部分银行和电信业务的呼叫中心中，超过 80% 的顾客都是通过自助 IVR 服务方式完成交易，从而节省全人工服务的等待时间。剩余选择与人工服务直接对话的顾客则需要大约 30 秒的时间来确认身份，随之的排队等待时间只有几秒钟。总之，创新的交互式语音应答系统设计不仅降低了呼叫中心的人力成本，同时提高了呼叫中心的运作质量与运作效率。

本书以中国移动通信集团辽宁有限公司开发项目为依托，从企业的实际要求出发，以相关理论为指导，以多服务台的呼叫中心排队系统研究为对象，针对带等待时间提醒的运营模式，对顾客行为进行深入分析，充分考虑顾客初始耐心行为与等待时间提醒后更新行为变化，研究了呼叫中心排队性能近似问题以及坐席人员配置问题，并且开发了相应的求解算法，以期在理论上丰富和发展呼叫中心运营管理问题，同时帮助企业的呼叫中心降低坐席成本、提高坐席人员服务率，最终提升企业的市场竞争力。

1.2 研究的目标与内容

1.2.1 研究目标

本研究以中国移动通信集团辽宁有限公司开发项目为背景，借鉴国内外相关领域的理论研究成果，从排队心理学角度出发，考虑了排队队长对顾客耐心的影响，设计带有等待时间提醒及顾客心理回应的排队系统，建立基于行为科学理论和方法的顾客满意度评价模型，提供基于行为分析的排队论方法，并且与仿真模型对比相结合，获得带有实证分析的用于人力资源计划的策略，实现低成本高服务质量的运营目标。希望本书的研究成果能为相关服务行业提供理论支持和方法指导。

1.2.2 研究内容

本书研究过程中所需要解决的科学问题包括：首先，根据实际的呼叫中心运营数据，对呼叫的到达率、服务率以及顾客不耐烦、放弃、重拨等行为进行深入分析，研究其分布特点和参数预测方法，并对业务流进行合理且细致的分类。其次，针对不同的呼叫服务系统特点，利用不同的方法（如马尔可夫近似法，流体方法，仿真方法）准确地建立顾客排队行为模型，并且提供基于行为分析的求解算法。最后，针对顾客排队和接受服务过程中涉及的若干人员配置问题进行研究，并针对不同问题特点，依据不同的科学方法给出了相应的性能评价和应对策略。具体来讲，本研究工作集中如下：

（1）文献综述。主要给出了呼叫中心运营的基本概况，以及呼叫服务的排队优化问题的基本框架，并简述了考虑顾客行为和延迟提醒模式的研究概况。最后介绍了呼叫服务人员配置问题的研究现状。

（2）考虑顾客耐心变化的提醒等待时间决策模型。研究了排队时间提醒对顾客耐心心理与放弃行为的影响规律，建立了提醒等待时间可靠性决策的排队模型。同时，在此排队模型基础上，建立了基于呼叫中心和顾客效用函数的非合作 Stackelberg 博弈模型，目标是求呼叫中心和顾客效用值最大的最优策略。

（3）考虑超指数顾客耐心的提醒等待时间近似方法。依据实际呼叫中心的运营数据，建立了顾客耐心服从超指数分布的呼叫中心排队模型，提出一类马尔可夫近似求解方法，以此进行呼叫中心等待时间提醒，从而获得呼叫中心相应性能指标，并且通过 C++ 仿真对比验证了马尔可夫近似方法的可靠性。

（4）等待时间提醒模式下的呼叫中心人员配置模型。针对带有排队等待时间提醒的 M/M/N+M 排队模型，考虑顾客耐心随提醒时间影响变化的因素，从呼叫中心效益最大化出发，提出了最少人力资源的优化配置方法，并刻画了提醒信息满意度、短时间放弃满意度、快速应答满意度等性能指标，建立多服务指标约束的人员配置模型。

（5）考虑顾客满意度的呼叫中心人员配置模型。研究了顾客等待时间满意度和顾客“重复选择”的关联影响，针对带有排队等待时间提醒的排队网络模型，建立了呼叫中心效益最大化的人力资源配置的优化模型。

（6）基于流体近似方法的呼叫中心人员配置模型。在带有等待时间提醒的呼叫中心运营机制基础上，考虑顾客的重拨行为对呼叫中心的影响，利用一类流体近似方法建立了呼叫中心排队模型，并且求解相应的呼叫中心性能指标。最后，通过 C++ 仿真对比验证了流体近似方法的可靠性。

以上问题研究过程中遵循由浅入深、由易到难、循序渐进的思路：文献综述部分对相关研究问题进行分类和综述，总结其贡献，分析其不足之处，从而为之后关键问题的研究奠定基础；第二与第三项研究主要针对呼叫中心的排队提醒设计问题展开，考虑不同的顾客耐心与业务流程因素，系统的排队提醒策略与性能求解方法，为之后的人员配置优化问题提供模型基础平台。第四至第六项研究主要针对提出的延迟提醒排队系统，依据不同的问题特征，利用合理的理论思想，提出了相应的人员配置问题与管理方法。

1.3 研究方法与技术路线

如前所述，现代呼叫中心复杂的业务体系与传统排队模型的假设条件已有较大差异，例如，传统的单一排队建模方法无法反映顾客排队过程中心理变化因素，往往忽视顾客满意度因素。这些传统方法的局限性降低了决策方法解决当前呼叫系统实际问题的能力。因此，需要更复杂的方法来更准确地描述呼叫中心运作的实际情况，包括行为科学（心理学），运筹学，管理学，应用随机过程，仿真方法、统计学和系统工程学等。具体来说，在理论层面，本书将行为科学理论、排队论、流体理论等理论相结合，准确构造不同特点的呼叫排队系统，在排队过程中体现顾客行为的规律，并且根据不同的系统目标预测顾客排队时间，准确求得排队系统性能；在方法层面，本书将行为科学方法与统计学相结合，体现现实量化数据下的顾客行为特点，提供精准的系统行为刻画。同时，采用运筹学与管理学相交叉的方法，提供基于经济效能最大化目标的人力资源管理理念，并且设计相应的求解算法实现全局的最优。在此基础上，利用仿真技术与随机过程方法相对比，验证系统构建的有效性与精确性。本书利用这些交叉学科的新理论与方法的融入，旨在以新的视角准确构建现实呼叫系统，并且丰富求解方法。

综上，本书采用以上分析的系统工程的思想和方法对课题进行系统的研究，结合国内外呼叫中心管理实际，并且各部分研究工作的完成包括使用了文献综述、数据抽象、排队理论建模、优化建模、求解算法设计与实现以及仿真实验对比等方面的相关技术。本研究技术路线如下图所示。

下面针对下图的内容加以阐述，主要分为三部分：

（1）针对呼叫排队系统建模及其人员配置问题进行研究综述，利用文献分析方法与归纳分析方法，分析研究背景，提炼出具有科学价值的研究问题，确定研究目标、研究内容与研究思路。

（2）在文献综述基础上，提出了五个关键问题模型。首先，关键问题一与关键问题二，作为本书研究的呼叫中心排队提醒设计基础模型，利用了排队论方法、统计学方法（现实数据拟合）、随机过程理论（马尔可夫近似方法）、仿真技术（离散仿真技术）、行为分析等具体的研究方法；其次，关键问题三至关键问题五，作为本书研究的另一重点内容（人员配置方法），在之前提出的等待提醒排队模型基础上，利用了管理学方法、运筹学方法、流体理论方法、仿真技术等具体的技术方法。

（3）总结本书的主要成果与主要贡献，并指出本研究存在的局限，对将来开展的工作进行展望。

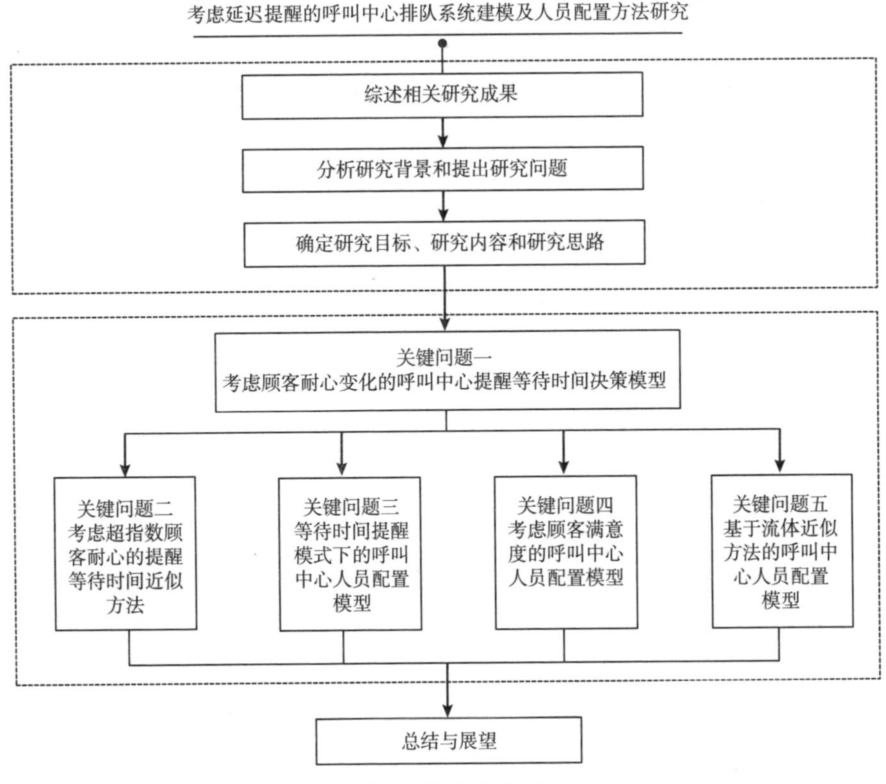

本研究技术路线图

1.4 主要研究成果

本书针对单技能多服务台的呼叫中心的服务特点，研究了等待时间提醒模式的设计和其运营过程中的人员配置问题，建立了相关问题的数学模型，并且根据数学模型的特点，利用排队理论的分析，从不同的目标角度开发了相应的求解算法。本书的主要研究成果包括：

（1）从排队心理学角度出发，考虑了排队队长对顾客耐心的影响，设计了一类带有等待提醒及顾客心理回应的排队系统。

针对一类带有等待时间提醒及顾客心理回应的排队系统，从提醒信息可靠性的设计问题展开，考虑直接退出与中途放弃两类顾客放弃行为特征，以及提醒后更新耐心分布的影响，建立了以呼叫中心效用最大化为目标的提醒可靠性决策模型，并且通过混沌搜索算法求解出最优提醒时间可靠性策略。由于呼叫中心排队信息诱导的非强制性，本书还从呼叫中心与双方效用最大化的角度出发，建立了呼叫中心提醒时间和顾客耐心度主从博弈模型。以上模型旨在对提醒可靠性的设计与决策，对等待通过模式下呼叫中心运营管理提供指导。

（2）以现实呼叫中心为背景，研究了超指数顾客耐心分布的等待时间提醒模式的设计问题。

针对带有“交互式语音应答系统”的现实呼叫服务中心，研究了顾客接受等待服务过程的耐心分布与变化问题。根据现实中顾客等待数据的拟合与分析，建立了带有超指数顾客耐心的排队模型，在此基础上，利用马尔可夫方法对顾客等待时间的近似与系统基本性能指标的求解，并以此排队分析方法，向该超指数顾客耐心分布的排队系统导入了等待时间提醒功能。为了验证基于马尔可夫方法的等待提醒近似模型的有效性，本书还利用通用编程语言 C++，构建了离散事件调度法建立仿真模型，从而与解析方法下的等待时间提醒排队模型进行对比分析。该模型可对带有“交互式语音应答系统”的呼叫中心运营管理提供借鉴。

（3）从等待时间提醒模式对呼叫中心性能影响的角度出发，研究了以呼叫中心效益最大化为目标的人员配置问题。

以带有等待提醒及顾客心理回应的排队系统为研究对象，考虑提醒信息对呼叫中心性能的影响，进行了带顾客耐心变化随机分布的人力资源配置方法研究。在考虑排队提醒下顾客心理和行为变化的基础上，通过排队理论得到系统稳态情况下的性能指标计算公式，并且基于二分法和固定点算法求解最小化的人力资源数量。此外，通过对顾客等待过程中满意度细分，刻画了提醒信息满意度、短时间放弃满意度、快速应答满意度等性能指标，从呼叫中心期望效益最大化的角度出发，建立了多服务指标约束的人员配置模型。该模型可帮助管理者根据呼叫中心的运营特点制定合适的过程指标，解决相关运营问题，提高企业收益。

（4）充分考虑顾客满意度对呼叫中心效益的影响，研究了等待时间提醒可靠性与人员配置水平联合决策问题。

以无等待时间提醒的呼叫中心排队系统为研究对象，在考虑顾客等待满意度与“重复选择”行为的关联基础上，利用排队分析方法，构建了以呼叫中心期望效益最大化为目标的人力资源配置模型。此外，针对等待时间提醒模式下的呼叫中心，考虑了带有提醒模式特点的顾客等待满意度与“重复选择”行为，重新构建了以呼叫中心期望效用最大化为目标的提醒可靠性与人力资源配置共同决策模型。该模型提示呼叫中心管理者只有充分重视顾客等待满意度因素，才能提高企业收益。

（5）充分考虑顾客重拨行为对呼叫中心性能的影响，基于流体近似方法研究了等待提醒呼叫中心的人员配置问题。

针对带有延迟等待信息提醒的呼叫排队系统，考虑顾客重拨行为与放弃行为对于呼叫中心性能的影响，利用一类确定型流体近似方法建立了呼叫中心排队模型，并且求解了稳态条件下的系统性能指标。通过两类排队模型的不同构造方法，其中包括流体方法与马尔可夫方法的提醒排队模型对比，以及流体方法与 C++ 仿真方法的考虑重拨行为的提醒排队模型对比，共同验证了流体近似方法的有效性与精确性。在验证了流体方法的近似效果后，利用该方法进行重拨行为影响下的需求预测分析以及人员配置问题研究。该问题的研究结果说明了重拨行为对等待时间提醒模型下的人员配置的重要性，如果忽略重拨影响，直接根据被观测到的数据进行人员配置，可能产生“过度配置”与“不足配置”的动态震荡，从而给企业带来不必要的损失。

第二章　呼叫排队系统建模及人员配置问题研究综述

呼叫中心（Call Center）的概念最早起源于20世纪30年代，它通常被视为一类"看不见柜台"的运营服务场所，话务员利用电话机与客户进行沟通，进行相应的服务。而呼叫中心的人员能力计划问题的研究具有更加悠久的历史，最早可追溯到1910年丹麦电话工程师A.K.Erlang在排队论方面的开创性工作。本章首先阐述呼叫中心的相关概念、分类、呼叫服务处理流程及人员规划问题；其次介绍了呼叫中心作为典型的"看不见的"排队系统相关理论基础；再次概述了考虑顾客行为和延迟提醒机制影响下的呼叫中心运营问题；最后在此基础上介绍了呼叫中心人员配置研究方法，包括解析方法和仿真方法。

2.1　呼叫中心概述

自罗克韦尔（Rockwell）在1973年发明自动呼叫分配（ACD）后，世界上真正意义上的呼叫中心得以成型。现代呼叫中心已经发展成一种以通信网络为依托、先进的计算机电话集成（Computer Telephone Integration，CTI）技术为支撑的综合信息服务系统。现代呼叫中心采用电话网络、互联网等作为多媒体接入手段，对各类大规模的电话呼叫、互联网业务请求、电子邮件等进行快速且准确的信息分配和事件处理。可以说，呼叫中心已经由原先简单的服务方式发展成为现在的客户联络中心（Customer Connect Center）或客户服务中心（Customer Care Center）。

2.1.1 呼叫中心的分类

现在呼叫中心技术与服务的多功能性决定了其多角度的分类方式。本节按照呼叫中心服务种类，使用性质和呼叫类型三种方式对呼叫中心进行分类。首先，按照呼叫中心可以提供的呼叫服务种类，其可以分为单技能呼叫中心和多技能呼叫中心两类。其中，单技能呼叫中心是指提供单一种类服务的呼叫中心，与之对应的是能够提供多种类型服务的多技能呼叫中心，其差别主要为：①多技能呼叫中心是单技能的一种拓展；②多技能呼叫中心的话务员经常需要掌握多种技能；③多技能呼叫中心一般存在多类话务员，不同类别的话务员掌握不同技能，从而产生了多技能呼叫中心的路由问题。本书所研究的呼叫中心背景属于单技能呼叫中心，并且研究工作主要集中在使用排队方法确定短期人员能力计划。

其次，按照使用性质分类，呼叫中心可以分为自建自用型呼叫中心，外包服务型呼叫中心以及应用服务提供商（ASP）型呼叫中心[4]。自建自用型是指由企业自己购买硬件设备并且编写有关的业务流程软件，直接为自己的顾客服务，缺点是投资较大，需要自己组建运营管理团队和相关的技术人员团队。外包服务型是指企业委托第三方企业全面管理或部分管理呼叫中心的业务，利用外包人员的专业化分工，以相对低的价格得到相对专业且灵活的坐席应用服务。ASP 型是指由应用服务提供商提供呼叫中心的设备与技术平台，而由租用平台的企业自己招募坐席人员并进行相应的日常运营管理。本书重点探讨自建自用型呼叫中心的具体使用性质，包含自建的技术支持和相关坐席人员配置与管理。

最后，按照呼叫类型分类，呼叫中心可以分为呼入型呼叫中心（Inbound）、呼出型呼叫中心（Outbound）和呼入/呼出混合型呼叫中心。呼入型是指呼叫中心不主动发起呼叫，主要功能是应答客户发起的呼叫，其应用的主要方面是技术支持、业务咨询、建议、投诉、信息查询等[5]。呼出型是指呼叫中心主动发起呼叫，主要应用是电话营销、客户回访、用户资料调查、市场调研等业务。呼入 / 呼出混合型是指呼叫中心既处理客户发出的呼叫也主动发起呼叫。目前，单纯的呼入型和呼出型呼叫中心已经鲜少出现，大多数呼叫中心属于呼入 / 呼出型的混合呼叫中心，兼并提供服务和主动销售的作用。本书研究重点侧重于主动发起呼叫的顾客和相应的服务流程，所以研究场景为呼入型呼叫中心。

2.1.2 呼叫中心的组成

现代呼叫中心从系统结构划分，基本的组成部分包括：程控交换机（Private Branch eXchange，PBX）、自动呼叫分配器（Automatic Calling Distributor，ACD）、交互式语音应答（IVR）、计算机语音集成（CTI）服务器、人工坐席（Agent）和顾客数据服务器[4]。其中，程控交换机（PBX）为呼叫中心提供内外连接的通道，对外提供与城市电话网络的接口，对内连接话务员的话机和自动语音应答系统的内线。程控交换机（PBX）通常与自动呼叫分配器 ACD 配套使用，对电话线路进行有效且合理的调配。ACD 是现代呼叫中心有别于一般热线电话系统和自动应答系统的重要标志，它是现代呼叫中心的核心系统且极大地提高了呼叫中心的劳动生产率。ACD 通常包括两大功能块，即排队模块和呼叫分配模块。排队模块实现功能包括：留言排队信息、顾客排队优先级、排队信息提醒（例如，提醒顾客预计等待时间，队列中位置）。分配模块实现功能主要是指技能分配，ACD 按照业务种类设置各种技能组，然后根据相关路由规则选择最合适话务员处理呼叫服务。自动呼叫分配器中的排队告知功能是本书重点研究的呼叫中心系统模块。

2.1.3 呼叫中心基本运作过程

图 2-1 说明了呼叫中心的基本运作流程[6]：呼叫中心通过 PBX 与公众电话网（Public Service Telephone Network，PSTN）之间若干的干线连接，若有一个或多个干线处于闲置状态，电话则会被介入 PBX，否则顾客将会听到忙音信号。电话接通后，顾客将会接到如下几个阶段服务。首先，呼叫会被转交给 IVR 提供自助式服务，通常情况下顾客会在此时听到类似于“普通话请按 1，Two for English”的自动语音提示，顾客根据提示进行相关的操作，有

时顾客无须与话务员进行沟通，仅通过 IVR 就完成服务。但很多情况下，自助式服务无法满足顾客的需求，需要转入人工服务。此时，呼叫就会被转交给自动呼叫分配器（ACD），ACD 按照事先预定的路由策略交给相应的空闲话务员处理服务。如果所有的话务员皆处于忙碌状态，呼叫则被排入等待队列，直到有话务员空闲排队的呼叫才能得到服务。值得注意的是，本书所研究的场景“等待时间提醒”就安排在顾客呼叫离开 IVR 进入 ACD 且所有话务员都处于忙碌阶段。

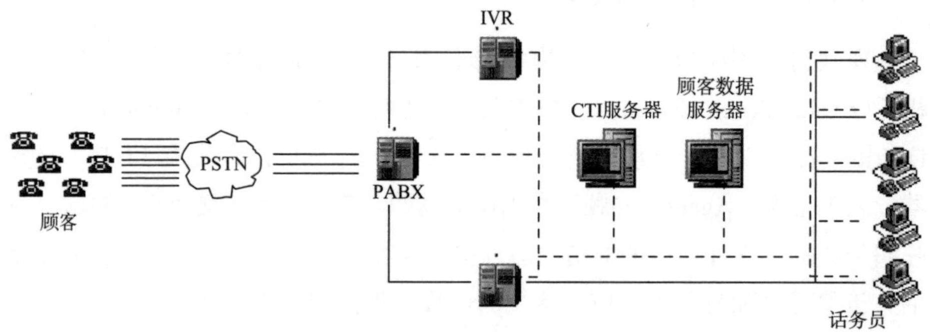

图2-1　呼叫中心运作流程[6]

Fig. 2-1　Operation process of call center

2.1.4　呼叫中心人员规划问题

呼叫中心的人员规划（Personnel Planning）是一个复合型问题，基于 Aksin 等[3]对呼叫中心运作问题的综述，目前可以概括为四个基本问题，包括：人力资源获取（Resource Acquisition），人员配置（Staffing），人员班次安排（Shift Scheduling and Rostering），呼叫路由（Call Routing）。其中，人员配置与人员班次安排根据研究情景和方法不同可以进行独立及联合处理，即可以合并为“联合能力计划和调度问题”。所以，本书所研究的呼叫中心人员配置问题亦可划分为呼叫中心人员调度问题的一部分。

（1）人力资源获取。呼叫中心人力资源获取决策通常每隔几周就需要进行，这是因为呼叫中心具有高跳槽率和高缺勤率的特点，以及呼叫中心人员培训提前期的要求。所以呼叫中心的人力资源获取模型必须满足人员高消耗及缺席的特点。Gans 和 Zhou[7]考虑了人员学习和高跳槽率等特点，制定了带有人员聘用阈值的模型，解决了何时进行人员聘用问题。Ahn 等 [8] 介绍了服务系统“人员雇用上限”和“人员雇用下限”的策略问题。Bordoloi[9] 基于控制理论和机会约束规划技术，针对不同的人员知识水平和不同的聘用战略，解决了稳态的劳动力水平问题。Bhandari 等 [10] 提出了雇用“全职员工”和“兼职员工”的问题，解决了在不同系统负荷要求下安排不同类型的员工。Ryder 等 [11] 解决了在多技能呼叫中心中，路由策略对员工学习技能影响的问题。以上人力资源获取问题的总结，主要包含了呼叫中心人员长期计划，多技能呼叫中心的多技能要素，以及兼职和全职等因素的影响，这些问题使得人力资源获取管理未来将是越来越艰巨的挑战 [12]。

（2）人员配置。呼叫中心的人员配置问题一直以来是呼叫服务运作问题研究的热点。依据人员配置（Staffing）与人员调度（Scheduling）是否分开，可以将呼叫中心人员能力计划问题分为两大类，第一类模型是假设时段之间无相关性，将人员能力计划问题分为两步解决：第一步计算各时段的人力需求，第二步再确定班次方案；该模型是呼叫中心传统研究方法，下文称之为分段模型。第二类模型将计算时段人力需求与确定班次方案联合起来考虑，此类模型通常包含两个部分：班次方案生成模块和服务水平估算模块，班次方案生成模块用于产生人员班次方案，而服务水平估算模块则负责计算班次方案所需满足的服务水平，从而验证班次方案的是否可行，下文称第二类模型为联合模型。

纯粹的人员配置模型主要应用于分段模型，而分段模型的最基本假设为“时段间无关性”，典型的是平稳独立（Stationary independent Period by Period，SIPP）[13]。在各时段内，顾客呼叫的到达过程是平稳的，且不同时段之间的到达过程相互独立。因此，可将人员能力计划问题分为两步处理，而人员配置就是第一步只考虑单个时段，计算该时段内要满足系统目标要求所需的话务员的最小值。

此外，经典的人员配置问题是决定全职的雇用人员数目，并且在给定相应的目标函数和限制条件下。其中，最广泛使用的人员配置目标函数是在给定服务水平限制的条件下，以最小化成本为目标 [5，14-17]。同时，亦有大量的文献以最大化收益为目标进行人员配置 [18-21]，但是现实中很多呼叫中心仅为售后服务，所以不涉及收益问题，所以以最小成本目标函数的研究居多。

（3）人员班次安排。呼叫中心人员班次安排包含两个元素，班次制定和人员指派。其中，班次是指一个话务员在一天中需要工作的时段集合问题，而人员指派是一星期或一个月中话务员可以被指派的班次集合问题。如表 2-1 所示，典型的呼叫中心 8 小时工作班次矩阵，每行代表不同时段，每列代表不同班次，$a_{ij}=1$ 表示话务员在 i 时段按照班次 j 为顾客提供服务。

呼叫中心班次制定问题实质就是寻找最小成本的集覆盖问题[22]，即确定每种班次方案应安排的人数，使得呼叫中心人员成本最低，且满足由服务水平确定的每个时段最少服务人员要求。现实中，经常采用如下两种方法松弛服务水平约束[4]：一是在较长时间段内，如一天或一周，平均服务水平约束代替各个时段服务水平的约束；二是由班次制定方案计算出的每个时段坐席人员数与单时段人员配置中计算出的相应时段坐席人员数总体偏差最小的方法。

表2-1　呼叫中心班次矩阵

Table 2-1　Shift matrix of call center

班次	1	2	3	4	5	6	7	8	9	10
8：00	1								1	
8：30	1	1							1	
9：00	1	1	1						1	1
9：30	1	1	1	1					1	1
10：00	1	1	1	1	1				1	1
10：30	1	1	1	1	1	1			1	1
11：00	1	1	1	1	1	1	1			1
11：30	1	1	1	1	1	1	1	1		1
12：00	1	1	1	1	1	1	1	1	1	
12：30		1	1	1	1	1	1	1	1	
13：00			1	1	1	1	1	1	1	1
13：30				1	1	1	1	1	1	1
14：00					1	1	1	1	1	1
14：30						1	1	1	1	1
15：00							1	1		1
15：30								1		1

班次制定问题仅仅确定了各种排班方案应该安排的人员数，并没有确定具体个人按照何种方案工作。而将班次变成具体的人员排班表则是人员指派问题，它是班次制定的一类后续工作。对于大型呼叫中心而言，根据班次方案安排坐席人员表是一项更复杂的工作[23]。

（4）呼叫路由。基于技能的路由问题是多技能呼叫中心存在的特有问题。多技能呼叫中心提供多种服务，不同的服务对应不同的坐席人员技能，合理的路由安排保证了呼叫请求被转交给合适的坐席人员（拥有处理该类型呼叫的技能的）去处理，即为呼叫路由问题[24]。

对于多技能呼叫中心的坐席人员配置而言，在单技能呼叫中心的基础上，还需要考虑顾客需求“非同质”问题。多技能呼叫中心需决策是仅考虑呼叫电话选择还是坐席人员选择，呼叫电话选择是指当一个坐席人员空闲下来但是有多个顾客等待服务时，选择服务哪个呼叫电话的规则；而坐席人员选择是指当一个电话呼入时有多个坐席人员空闲时，ACD 将呼入电话分配给哪个坐席人员的规则。多技能呼叫中心如果仅考虑呼叫电话选择，往往在坐席人员选择问题上采取先到先服务的规则。因此，路由策略是呼叫中心人员配置时需要考虑的因素，在一定情况下，同样的班次方案采用不同的路由策略，最终的服务水平可能会差距很大。合理高效的路由策略可以更充分地利用人力资源，实现使用最少的人力达到高质量服务的目标[25-27]。

2.2 呼叫服务排队系统概述

2.2.1 呼叫服务排队系统

呼叫中心作为典型的“看不见队列”的排队系统，近年来受到国内外很多学者的广泛且深入研究[5]。任意一个呼叫排队系统，顾客是呼入的呼叫，服务台是指处理呼叫的话务员。当一个新的呼叫到达时，如果呼叫系统中存在空闲话务员，则该呼叫请求能立即得到相应的服务，否则顾客被排入等待的队列。图 2-2 是一个简单呼叫中心话务员服务的排队系统模型示意图。假设呼叫中心只能处理一种呼叫请求，具体设置如下：呼叫中心设有 k 条电话干线，$w \leqslant k$ 个服务台，$s \leqslant k$ 个坐席人员同时提供服务。当 k 条电话干线都占线时，则顾客将听到忙音（busy），此时称为呼叫被阻塞（block），否则将进入呼叫中心并占用一条电话干线；如果存在空闲的坐席人员，则顾客呼入电话直接获得服务；如果系统的呼叫数超过 s 个但少于 k 个，则新到达顾客呼叫必须进入排队等待。其中，部分等待顾客在等待服务之前由于不耐烦而挂掉电话，称为“主动放弃（abandon）”。“被阻塞”呼叫与“主动放弃”呼叫可以选择重试（retrial），否则，他们没有获得服务的损失称为“呼叫损失（lost call）”。此外，现实中还存在获得服务的顾客，重新选择拨入呼叫从而获得进一步服务的情况，被称为“重返（return）”。

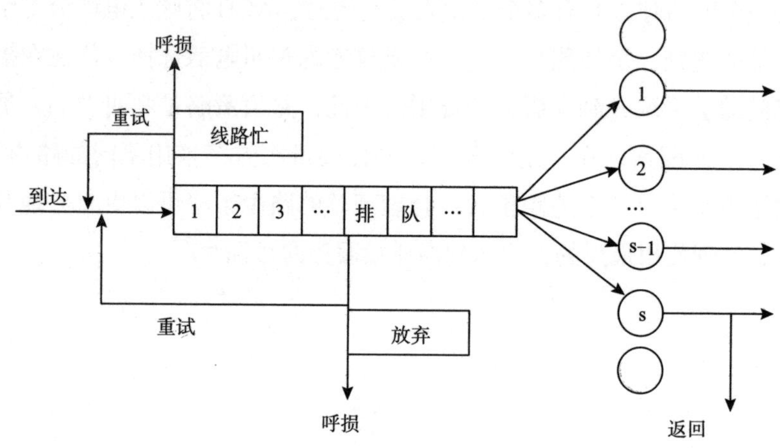

图2-2 呼叫排队系统示意图

Fig. 2-2 The queueing system of call center

2.2.2 呼叫排队系统关键性能指标

KPI 是 Key Performance Indicators 的缩写，即关键性能指标，是反映个体与组织关键业绩的评价依据和指标。目前，KPI 对呼叫中心的成功管理具有极其重要的意义。引入准确且合适的指标能够帮助呼叫中心解决相关运营问题，提高企业收益。然而，每个呼叫中心不可能达到每个指标和业绩完美，每一个商业领域都有各自侧重的独一无二的结构和问题，所以针对企业特点制定一套有用的 KPI 指标可以为呼叫中心管理者提供十分有价值的信息。常见的呼叫中心 KPI 可以被分为两大类别 [2]，分别是产品相关指标和过程相关指标。其中，产品相关指标是指和呼叫内容有关的指标，而过程相关指标是指和呼叫中心运作过程有关的指标。

首先，常见的呼叫中心产品相关指标包含首次呼叫解决率（First Call Resolution，FCR），顾客满意度，员工流失率，员工出勤率，交流质量，顾客满意度等。其中，呼叫中心首次呼叫解决率是当前呼叫中心运营管理的重点指标 [28-29]，同时，它也是呼叫中心特有的产品相关指标。FCR 衡量了顾客第一次呼叫问题的解决率。事实上，一个占用队列等待的呼叫最终以问题解决为结束，好过一个立即能接通坐席人员而最终不能解决问题而要转接的呼叫。一个坚持以 FCR 指标的呼叫中心将会收到少量由于首次不能解决的呼叫，因此也会给呼叫中心降低成本同时降低顾客满意度。

其次，常见的呼叫中心过程相关指标包含呼叫阻塞率，主动放弃率，短时放弃率，平均应答速度（Average speed of Answer，ASA），服务水平（Telephone Service Factor，TSF）等。其中，呼叫阻塞率衡量了顾客在给定时间内不能进入系统的指标，主要原因如上文所述缘于网络干线的稀缺。主动放弃率衡量的是在队列中放弃没有获得服务的顾客百分比，在放弃之前等待的时间是不确定的，根据顾客独有的耐心所确定。短时放弃率是指主动放弃的顾客中，在指定短时间内放弃的顾客。短时放弃由很多原因产生，如顾客在 IVR 中获得了快速服务。因此，短时放弃并不一定视为差的服务质量。平均应答速度（ASA）也称作平均等待时间，是指电话在接起之前顾客等待的时间，数据来源于自动呼叫分配系统（ACD）。服务水平（TSF）是指给定时间内应答电话数量与呼叫中心接入电话的百分比，它是衡量呼叫中心服务能力的最重要指标之一。典型的 20/80 法则指的就是服务水平，在 20 秒内 80% 的呼叫被处理。对于紧急事件相关的呼叫中心，具有 0 秒内 100% 处理的服务水平的要求，所以服务水平的设置根据不同的呼叫中心应用场合会有所不同。在以上呼叫中心过程相关指标中，呼叫中心一般使用 ASA 和 TSF 作为确定人员配置的标准。本书的研究重点在于呼叫中心的过程相关指标，在充分考虑顾客行为的前提下衡量呼叫中心的服务质量。

2.2.3 呼叫排队系统的行为因素

一般来说，呼叫中心运营涉及顾客和员工两大主体。其中，顾客行为分布在整个呼叫中心排队系统的过程，包括到达、服务、放弃[30-31]和重拨[32]四种，其都可以作为顾客的行为函数。具体地，顾客放弃行为还可以分为直接退出（balking）、中途放弃（reneging）、短时放弃（short abandonment），从而为此划分相应的顾客等待满意度水平。传统的排队模型对顾客放弃行为已有十分广泛的应用，如经典的 Erlang A 模型就是对顾客放弃的充分表达。现在排队模型的丰富和发展的方向之一是行为的集成考虑，例如，基于博弈论或经济均衡论的均衡现象[33]，以及考虑呼叫中心和顾客主从博弈的均衡[34]；研究多基于完全理性的假设[35]，虽然以上排队模型考虑了顾客行为的集成，但是还是基于平稳过程假设，并且问题规模较小，对于大规模时变过程的顾客行为问题描述和求解存在一定的困难。此外，目前很多研究者针对顾客满意度问题，提出考虑顾客忠诚行为的相关解析的马尔可夫模型[36-37]和仿真模型[38-40]。而呼叫中心作为当前企业与顾客沟通的主要工具之一，未来对围绕顾客满意度和顾客忠诚行为的研究模型必将成为主要发展的趋势。

呼叫中心的员工行为主要包括早挂、开小差、缺勤、离职等行为。文献中采用不同的呼叫中心和不同理性程度下的员工工作满意度评价模型方法[27]，评价的主要因素同样也是排班计划的依据（工作时间、工作技能、技能数量）和系统参数（员工偏好，路由策略）。同样地，人性的因素也是未来呼叫中心管理需要考虑的主要因素。

2.2.4 呼叫排队系统的平稳模型

对于单技能呼叫排队系统而言，研究工作主要集中在使用排队方法确定相关的系统性能，从而为之后的人员配置和排班做铺垫。因此，在稳态状态下确定主要服务性能指标是呼叫中心运营问题的基础，本书介绍了呼叫中心排队系统的三类平稳模型，Erlang A，Erlang B 以及 Erlang C[4]。

2.2.4.1 Erlang C 模型

最简单的场景是无限队长，无限耐心，使用 Erlang C 模型来确定问题稳态条件下的系统性能指标。λ 代表顾客到达率，$E(S)$ 和 $\mu=E(S)^{-1}$ 分别代表坐席人员平均服务时间和平均服务率，$R=\lambda/\mu=\lambda E(S)$ 代表工作负荷，$\rho=\lambda/(s\mu)=R/s$ 代表系统占用率。根据该 Erlang C 模型可以获得所有坐席人员都处于服务状态的概率为：

$$P\{Wait>0\}=C(s,R)=1-\frac{\sum_{m=0}^{s-1}\left(R^m/m!\right)}{\sum_{m=0}^{s-1}\left(R^m/m!\right)+\left(R^s/s!\right)\left(1/\left(1-R/s\right)\right)} \tag{2.1}$$

顾客需要等待的前提下，此时顾客等待时间服从分布率为 $(s\mu-\lambda)^{-1}$ 的指数分布，顾客平均等待时间（ASA），以及在必须等待条件下，顾客等待时间小于 T 的概率（TSF）分别为：

$$\begin{aligned}ASA&=E[Wait]=P\{Wait>0\}*E[Wait|Wait>0]\\&=C(s,R)\left(\frac{1}{s}\right)\left(\frac{1}{\mu}\right)\left(\frac{1}{1-\rho}\right).\end{aligned} \tag{2.2}$$

$$\begin{aligned}TSF&=P\{Wait\leqslant T\}=1-P\{Wait>0\}*P\{Wait>T|Wait>0\}\\&=1-C(s,R)*e^{-s\mu(1-\rho)T}\end{aligned} \tag{2.3}$$

2.2.4.2　Erlang B 模型

Erlang B 模型是 Erlang C 模型的扩展，记作 M/M/s/s，它通过将队长设定为正在工作的坐席人员数目来消除等待，Erlang B 模型衡量服务指标的唯一方式是顾客遇到占线信号的概率（blocking）。此外，Erlang B 模型与 Erlang C 模型的区别还在于服务分布函数的敏感性。因为不存在等待队列，所以就不存在等待时间。此时，系统通常仅以接通率，即未被阻塞的呼叫占总呼叫的比例作为衡量指标：

$$P\{Wait>0\}=\frac{R^s/s!}{\sum_{m=0}^{s}\left(R^m/m!\right)} \tag{2.4}$$

2.2.4.3　Elang A 模型

实践中，呼叫中心普遍将电话接入能力设为足够大，因此呼叫顾客遇见系统占线的概率可以忽略不计，队长看作无限，这种M/M/s+M模型称为Erlang A模型。EralngB模型虽然考虑了排队空间的限制，然而它却仍然忽略了顾客的不耐烦性，没有顾客放弃的计算结果跟实际存在很大差距。而Erlang A模型恰好弥补了Erlang B的不足，它考虑了顾客的不耐烦性，从而计入了顾客的放弃特征。在实际的呼叫中心运营中，增加排队空间的成本跟其他运营成本相比，往往是可忽略的，故以忽略排队空间的限制换取理论模型的简洁和易计算也具有现实意义。目前，Erlang A模型已经作为单技能呼叫中心人员配置的主要模型。具体地，Erlang A模型是一种一维的生灭过程，它区别于Erlang B和Erlang C模型的主要性能指标为顾客放弃率 θ，其中 $1/\theta=\tau$。

Erlang A模型的示意图如图2–3[5]所示：

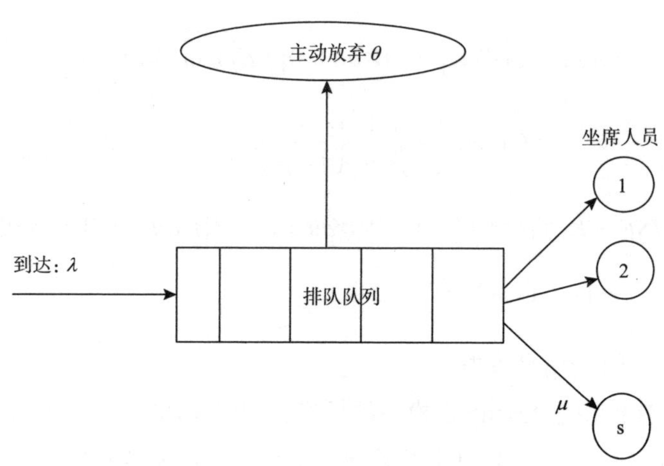

图2–3 Erlang A模型示意图

Fig. 2–3 Schematic Representation of Erlang A

在Erlang A模型中，顾客的耐心程度（最大愿意等待时间）满足exp（θ）过程，且顾客耐心程度是一个与系统排队状态无关的独立分布。若顾客放弃率 $\theta=0$，则表示顾客的耐心无限大，顾客可以永久地等待，此时模型即为Erlang C模型，为ErlangA模型的特例。对于给定顾客的最大愿意等待时间记作 τ，一旦达到了该时间顾客尚未得到服务，则会选择主动放弃，因此可以得到队列的平均等待时间：

$$W=\min\{V,\tau\}$$

其中，V 为“虚拟等待时间（Virtual Waiting Time）[41]”，是指假设顾

客有无穷大耐心时的等待时间。这里虚拟等待时间与实际等待时间（actual waiting time）的区别在于顾客耐心的限度，在实际呼叫中心中，如果顾客在有限耐心时间内的等待时间则为 W。

$L(t)$ 表示在时间点 t 时系统中的顾客总数，包含正在接受服务和队列中等待的顾客。$L(t)$ 就是一个典型的马尔可夫生灭过程，状态转移图如图 2-4 所示：

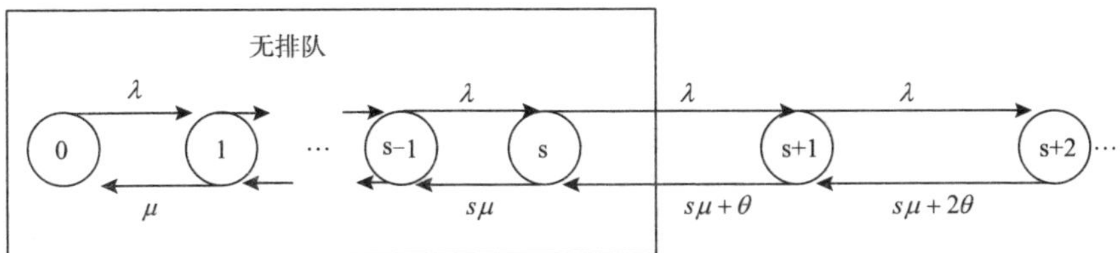

图2-4 Erlang A模型中顾客排队状态转移图

Fig. 2-4 The state-transition diagram of customer queue of Erlang A

将 $L(t)$ 极限分布为：

$$\pi_j = \lim_{t\to\infty} P\{L(t)=j\}, j \geqslant 0$$

在稳态状态下，系统的稳态状态概率为：

$$\pi_j = \begin{cases} \dfrac{(\lambda/\mu)^j}{j!}\pi_0, 0 \leqslant j \leqslant s \\ \prod\limits_{k=s+1}^{j}\left(\dfrac{\lambda}{s\mu+(k-s)\theta}\right)\dfrac{(\lambda/\mu)^s}{s!}\pi_0, j \geqslant s+1 \end{cases} \tag{2.5}$$

其中，π_0 为系统中没有顾客的概率：

$$\pi_0 = \left[\sum_{j=0}^{s}\frac{(\lambda/\mu)^j}{j!} + \sum_{j=s+1}^{\infty}\prod_{k=s+1}^{j}\left(\frac{\lambda}{s\mu+(k-s)\theta}\right)\frac{(\lambda/\mu)^s}{s!}\right]^{-1} \tag{2.6}$$

对于典型的 Erlang A 模型，可以通过相关的稳态概率公式直接求得等待概率，平均等待时间和顾客放弃概率等呼叫中心的关键性能指标，具体推导参见（Gross D，Harris CM）[42]。

2.3 等待时间提醒模式下的呼叫中心运作问题研究现状

2.3.1 延迟提醒模式概述

延迟提醒又称“排队信息提醒”，它作为一种新的运营模式逐渐被呼叫中心采纳，是指呼叫中心通过语音提示的方式告知顾客估计的等待时间或者队列的人数，即通过这种告知目前队列排队情况的方式，顾客选择继续等待或者离开的行为。延迟提醒的初衷是基于顾客这种天生的属性——不耐烦性。当顾客在排队系统队列中等待时，随着等待时间的推移，顾客基于这种不确定的等待会变得越来越不耐烦，甚至选择放弃等待。而延迟信息提醒的引入就是对顾客的这种不耐烦心态进行调整。特别是在呼叫中心这种“典型的看不见队列的排队系统”中，顾客无法获知任何关于队列的信息，这导致提醒信息对顾客的等待更加珍贵[43]。排队心理学的一个重要观点是“不确定的等待相当于无尽的等待”[44]，并且不确定的等待将会降低顾客的满意度[45]。因此，服务系统提供排队信息被认作是提高顾客满意度的一种方式[46，47]。

目前，延迟提醒被认为是性价比最高的呼叫中心需求管理方法之一，在国外的呼叫中心已有广泛的应用，并且已经逐渐得到了理论界的重视[48]。在呼叫中心设置中，等待经历满意度主要通过直接退出和中途放弃两种方式来影响顾客回应。等待时间提醒正是延迟提醒的一种特殊形式，它是通过对顾客传达等待时间的影响，从而引导顾客向好的顾客反应[49]。当呼叫中心通知一个顾客他的预测的等待时间时，相应地顾客将根据他的等待时间信息决定立即挂掉电话还是开始在队列中等待。对于根据提示时间而选择继续等待的顾客，等待时间的提醒作用就是消除了“不确定性”，从而增加了顾客的耐心时间。然而，完美的提醒等待时间在现实中可能是不存在的，有些顾客可能经历比提醒的等待时间更长的等待。顾客会因为提醒的等待时间不准确性而选择放弃[50]。

2.3.2 顾客不耐烦行为研究综述

2.3.2.1 顾客放弃行为

呼叫中心服务过程中，具有等待时间限制的顾客称为不耐烦顾客。不耐烦顾客是呼叫中心建模中非常重要的一个特点，随之产生的现象就是顾客放弃行为。最早提出顾客不耐烦而放弃排队等待的现象可以追溯到 20 世纪 40 年代，Palm[51] 首先给出了一种刻画顾客放弃行为的排队模型，称为 Palm/Erlang 模型，具体地描述不耐烦程度专门设计了“愤怒函数（irritation function）”。在“愤怒函数”中，Palm 发现顾客耐心服从 Weibull 分布，并且如果“愤怒函数”的系数，则称为指数分布。Kort[52] 发展了 Palm 的理论，并且获得愤怒函数的系数为 1.23。在实证方面，Baceelli 和 Hebuterne[53] 利用现实数据进行了分析，得出三阶段的 Erlang 分布能够更好地刻画顾客的放弃行为。此外，Brown 等[54] 也同样利用实证手段研究了如何更好地刻画顾客的放弃行为。Zohar 和 Mandelbaum[35] 研究了顾客放弃行为与期望等待时间之间的线性关系。

以上研究主要针对顾客放弃这一笼统概念刻画相应的顾客行为，然而，依据顾客等待时间对系统性能影响以及顾客等待满意程度细分，顾客放弃行为可以分为直接退出与中途放弃。最早提出直接退出与中途放弃的现象可以追溯到 1962 年，Ancker 和 Gafarian[55] 首次考虑直接退出和中途放弃的排队系统，通过设置中途放弃参数为零，研究考虑了带有顾客直接退出的排队系统，在如此的细分下分析了系统的性能指标，如平均队长、顾客损失率等。Rao[56] 研究了一类带有顾客直接退出、中途放弃和中断服务的排队系统，通过使用补充变量和离散变换得到模型的稳态解，同时分析三种顾客行为对于排队系统性能影响。进一步地，Montazer-Haghighi 等[57]，Abou-El-Ata 和 Hariri[58] 等人研究了考虑顾客直接退出和中途放弃的多服务器排队模型，同时分析两类放弃行为对排队系统的影响。Chauhan 和 Sharma[59] 研究了考虑顾客直接放弃和中途放弃的 M /M / N 排队模型，并且从利润最大化的角度分析了系统的性能影响。Pazgal 和 Radas[60] 通过实证研究分析了一类带有顾客直接退出和中途放弃行为的排队系统，同时研究了顾客的不耐烦心理对排队系统的影响。

2.3.2.2 顾客重拨行为

在顾客的不耐心行为研究中，还有一个大的方向是研究顾客重拨行为的。重拨是指顾客不耐烦于继续排队等待，直接挂掉电话，在一定时间内重新呼叫。目前重拨排队模型广泛应用于计算机系统，电讯系统与通信网络 [61]。顾客的重拨行为将会增加系统的到达率，使服务系统的到达率变得不确定，因此考虑顾客重拨行为的呼叫中心使得排队系统变得更加复杂。一些研究表明，当呼叫中心的重拨率很高时，不考虑呼叫中心的重拨行为会给企业带来损失 [62]。

尽管目前研究顾客重拨行为的文献增长迅速，但大多数研究的假设条件都集中于重拨时间服从指数分布，并且独立于等待的其他顾客 [63]。Cohen[64] 最早提出了在排队系统中顾客重拨的行为，他研究了呼叫中心的涉及顾客重拨行为的基本问题。Falin[65] 提出带一般分布的重拨时间的 M/G/1 模型。Yang[66] 等在 Falin 的基础上，利用随机分解的性质发展了一类近似方法。Greenberg[67] 和 Kapyrin 等 [68] 利用解析的方法研究了排队系统中带顾客重拨行为的单服务器的 M/G/1 模型。Artalejo[69] 等研究了考虑顾客重拨行为且重拨率恒定的多个服务器排队模型，由于多个服务器的重拨排队模型大多数为无限状态的生灭过程，所以采用 Neuts 的矩阵解析法求解状态转移矩阵，从而求解实际模型的性能。Pourbababai[70] 针对一类带有损失制的一般分布重拨时间的 M/G/1 模型，建立了相关近似算法。

Aguir 等 [32] 在多服务器马尔可夫模型的基础上，利用一类连续型流体近似方法，建立了带有顾客重拨行为的呼叫中心模型，并通过数值实验表明在呼叫中心中忽略顾客重拨行为会影响随后的预测分析和排班等问题。Wu[71] 等研究了一类考虑顾客直接退出和重拨的 M/G/1 排队模型，并且利用解析方法求解出平均队长、等待时间等性能指标。Yang 和 Teak[72] 研究了带有顾客直接退出、中途放弃和重拨行为的 M/M/s 排队模型，其中直接退出和中途放弃的概率取决于排队队列中的顾客数量，并提出了一种基于广义截断法的算法求解相关系统性能指标。Ding[73] 等指出在研究呼叫中心系统时忽略重拨将不可避免地导致不正确的预测，会导致不准确的人员能力配置。同时，研究以最小化成本为目标研究了对新到达的呼入电话数量、重拨的数量和重拨概率的估计方法。

2.3.3　等待时间提醒模式下的呼叫中心研究现状

近年来，研究等待时间提醒影响的文献呈现指数级增长，并且关于等待时间提醒的研究文献也是十分广泛的，可以适用于大多数的服务系统。从广义上讲，等待时间提醒的研究文献可以分为三个主要的研究重点[74]。第一方面研究重点是关于等待时间对系统动态的影响。第一篇提出该研究的文献来自 20 世纪 80 年代，Hassin[75] 提出了提示信息对服务系统的影响。此后大量的研究针对于等待时间提醒对“看不见队列”排队系统性能的影响。Whitt[48] 研究了等待时间提醒对呼叫中心的性能影响，并且给出预测等待时间的方法从而改善系统的服务。Guo 和 Zipkin[76] 研究了服务系统中应该提供何种种类的提醒信息，包括无信息提醒、部分信息提醒和全信息提醒（等待时间提醒），研究得到不同的信息会影响系统的效用。Armony 和 Maglaras[77，78] 研究了一类带等待时间提醒且提供呼叫中心拨回的系统，并且研究了该系统的队列均衡和效用最大化等问题。Armony 等[79] 研究了带顾客回应的呼叫中心提醒等待时间问题，并且作出相应的均衡性分析。此外，Allon 等[80] 和 Jouini 等[81] 也研究了带顾客回应的呼叫中心等待时间提醒问题。

等待时间提醒的第二方面研究重点是关于服务系统的顾客等待时间估计的多样性方式，Whitt[82] 首次提出了利用排队模型的方法预测相关的等待时间。此后，此类问题集中于多时段的动态等待时间提醒的研究[74，83]。近期的文献中解决此问题的方法包括：流体近似方法[84-86]、动态规划方法[87]、数据调查方法[88，89] 等。

等待时间提醒的第三方面研究重点是关于顾客在服务系统排队时的等待心理问题，该问题研究通常采用定量的研究方法，并且强调顾客获得等待时间提醒的满意度调查问题。该类文献主要包括：Taylor[45]，Hui 和 Tse[90]，Kumar 等[91] 以及 Bielen 和 Demoulin[92]。

2.4 呼叫中心人员配置问题研究综述

现实中大多数的呼叫中心呼叫到达率是随时间变化而变化的，假如把呼叫时段按照分钟划分，我们可以看出每个时段的呼叫到达率都有显著的差异，即“到达的随机性”。所以，呼叫中心管理者通常根据到达率的变化改变坐席人员的数量，在保证顾客可接受的等待时间条件下，降低人力成本。因此，呼叫中心排队系统的人员配置问题首先需要确定排队模型，从而保证既定服务水平前提下，安排每个时段的坐席人员数量。

2.4.1 呼叫中心人员配置问题分类

传统的呼叫中心研究方法主要是使用不同排队模型对呼叫中心进行短期人员配置，而该问题最低层面通常处理方式是使用 M/M/s 排队模型估计半个小时或一个小时时段内的稳态性能，该模型假定单时段内到达率和服务率恒定，且排队系统可以迅速达到稳定状态。顾客呼叫到达过程看作是泊松过程，服务时间相互独立且服从指数分布，服务规则是先到先服务。该排队模型中，占线、放弃、重拨等情况一般都忽略不计。该 M/M/s 排队模型可以直接计算出呼叫等待时间的分布函数，以及其他人员配置所需性能指标。呼叫中心一般使用符合自身运营特点的性能指标作为确定人员配置的标准，例如，呼叫中心选取在接受服务前平均应答速度（ASA）为性能标准，则首先要确定可接受平均等待时间的上界，根据 ASA 关于坐席人员数量的单调性可知，每个时段都一定存在一个最小满足服务要求的坐席人员数量。具体地，单技能呼叫中心人员配置问题的几个组成要素如下 [93]：

（1）呼叫到达率是恒定的还是时变的；

（2）排队等待的顾客耐心分为有限和无限，即顾客放弃和无放弃；

（3）顾客排队的队长分为有限和无限。

根据 Garnett[94] 的观点，呼叫中心的运营机制（operational regime）可以分为三种类型，不同的机制表达了不同的运营哲学，分别是服务质量导向型（Quality-Driven，QD）、效率导向型（Efficiency-Driven，ED）和质量与效率均衡型（Quality and Efficiency-Driven，QED）。呼叫中心的人员配置与其自身的运营机制有着密切的关系。在第一种运营机制中，顾客的等待成本远超过坐席人员服务成本，最优的人员配置使用固定的人员使用率，坐席人员数量随着工作负荷线性增加，在整个呼叫中心系统中，大部分顾客呼叫电话都能接受无等待服务，所以该机制称为质量导向型；在第二种运营机制中，坐席人员服务成本远超过顾客等待成本，超过工作负荷要求的坐席人员数目固定，随着工作负荷增加，坐席人员利用率很快接近 100%，在整个呼叫中心系统中，几乎所有呼叫顾客都需要等待才能获得服务，所以该机制称为效率导向型；介于两者之间的第三种运营机制，需要等待的顾客比率是固定的，在系统工作负荷增大时，既表现出效率导向型的运营特点，同时表现出质量导向型的可接近性特点。

2.4.2　呼叫中心人员配置问题的基本理论

2.4.2.1　平方根安全法则

为了在实践中为呼叫中心运营经理提供直观且快速的人员配置方法，研究人员提出了具有广泛应用的平方根安全法则[95]。平方根安全法则属于近似方法，它不仅能够帮助快速计算人力需求，同时也可以计算当到达率加倍时大致的人力水平。大量的研究表明[3, 4]，针对较大型的呼叫中心，通过平方根法则得到的近似值和公式计算得到的精确值差距很小。

Halfin 和 whitt[95] 给出了 Erlang C 模型的一种极限近似。当坐席人员数趋于无穷大时，Halfin 和 whitt 证明得到：

$$\lambda \uparrow \infty, s \uparrow \infty, P\{Wait > 0\} \to \alpha \Leftrightarrow \sqrt{s} * (1 - \rho_s) \to \beta, \beta \in (0, \infty) \tag{2.7}$$

其中，β 称为服务等级，Erlang C 模型可以近似表达为：

$$P\{Wait > 0\} \approx P(\beta) = \left[1 + \frac{\beta * \varphi(\beta)}{\phi(\beta)}\right]^{-1}, P(\beta) = \alpha \tag{2.8}$$

其中，φ 和 ϕ 分别表示标准正态分布函数和概率密度函数。基于上面的近似公式他们提出了平方根安全法则：

$$s = R + \beta\sqrt{R} \tag{2.9}$$

其中，R 也称为负载参数。

这种极限近似的平方根安全法则针对不同运营机制的呼叫中心可以得出：超出的最大负载部分与负载的平方根成正比。而 β 的选择则取决于呼叫中心的运营机制，若 β 取值较小，则意味着呼叫中心运营机制更偏向于效率导向型，即追求更高的人员利用率；相反，若 β 取值比较大，则意味着呼叫中心运营机制更偏向于质量导向型，即追求较高的服务质量。而适中的 β 取值，则意味着以上二者的折中，偏向于"质量与效率均衡型"。现实中，常常根据顾客排队等待而导致的支出与坐席人员工作导致的支出的比值来确定 β 值。

2.4.2.2　到达延迟性

现实中，大量呼叫同时到达会导致呼叫中心的系统拥堵，但往往拥堵的效果并不会马上表现出来，而是要经过一小段时间的延迟。而到达的延迟性会导致呼叫中心的人员配置与排班的极大误差，因此也是人员配置问题的关注热点。针对这一现象，Green 等 [13, 96] 提出了两种确定时段到达率的方法，分别是 *Lag—Avg* 方法和 *Lag—Max* 方法。其中，*Lag—Avg* 方法采用考虑了时延的时段平均到达率：

$$\lambda_i = \frac{1}{T}\int_{(1-i)T-1/\mu}^{iT-1/\mu} \lambda(t)\,\mathrm{d}t \tag{2.10}$$

其中，$1/\mu$ 为一个呼叫的平均服务时长，而 *Lag—Max* 则考虑了时延时段的最大到达率：

$$\lambda_i = \max\left\{\lambda(t) \middle| (1-i)T - 1/\mu \leqslant t \leqslant iT - 1/\mu\right\} \tag{2.11}$$

以上为呼叫中心延迟性处理方法，在此基础上，研究表明考虑延迟的 Erlang C 模型在进行人员配置工作时会更加精确。

2.4.2.3　到达时变性

呼叫到达率在单位数段内变化可能会很大，而 Erlang 模型都要求恒定的到达率。因此，对于到达率是时变的情况时，需要应用这些模型往往要将时间分割为很小的时段，然后计算即时到达率 $\lambda(t)$ 在特定时段的平均值：

$$\lambda = \frac{1}{T}\int_0^T \lambda(t)\,\mathrm{d}t \tag{2.12}$$

然后稳态的性能指标，从而以此计算时段的人力水平。因此，到达时变性问题也是呼叫中心人员配置问题需要解决的热点问题。但以上这种平均值方法存在明显不足，当呼叫工作负担突然变化且产生积压时，则必须采用非静态模型。处理时变参数问题最常用的方法是数值方法，Yoo[97] 和 Ingolfsson[98] 通过使用数值方法求解 Chapman-Kolmogorov 向前微分方程来计算 $M_t / M / s_t$ 系统的转移矩阵，同时利用随机化方法计算单个时段的系统占用率的变化。

另一种处理到达时变性的方法是通过缩短时段长度来逼近，在极限情况下，可以将时段长度缩短为一个时间点的长度。Green 和 Kolesar[99] 按照这种想法提出了点平稳近似法（Point-wise Stationary Approximation，PSA），首先根据即时到达率 $\lambda(t)$ 利用 Erlang 模型计算随时间联系变化的服务指标，如 t 时刻到达的呼叫排队等待的概率 $P_t\{Wait>0\}$，然后利用这些指标在时段内各个时间点上的平均值作为该时段的服务质量指标值，如时段内到达的呼叫排队等待的概率：

$$\frac{1}{T}\int_0^T P_t\{Wait>0\}\,\mathrm{d}t \tag{2.13}$$

但是该方法的不足之处在于无法处理短期的超负荷运作问题，该方法要求 $\lambda(t) \geqslant s\mu$，而现实中短期超负荷问题是经常存在的。此外，Green 和 Kolesar [100] 还提出了考虑时延效果的 PSA 模型，在系统繁忙状态下，带有时延的 PSA 方法比不考虑时延的 PSA 方法精确度更高。

2.4.3　呼叫中心人员配置问题的研究现状

本书是在相应的假设条件下，以满足性能指标，或者收益和效用最大化为目标，确定决策时间内服务系统的人员配置问题。因此，基于不同类型的理论与技术所开展的人员配置问题研究是本书关注的重点。文献中关于呼叫中心人员配置问题的研究方法包括两大类：解析方法和仿真方法。总体来说，早期的研究文献集中于利用单一的解析方法求解稳态下的呼叫中心排队问题。随着仿真技术的兴起，目前利用仿真技术与解析方法相结合的手段求解复杂业务的呼叫排队问题成为学术界与实际运营管理者关注的重点。

呼叫中心人员配置问题的解析求解方法包括排队论、近似方法、数学规划方法等。早期的研究文献通常使用稳态条件下的排队模型，利用 2.2.4 节介绍的 Erlang 公式结合平方根法则可很快得出结果。首先，使用 Erlang C 模型来确定问题稳态条件下的系统性能指标，Erlang C 模型计算性能指标简便，但对假设条件要求较高，一旦条件不满足，计算结果会发生较大的偏差。所以在系统负荷较大的条件下，研究 Erlang C 模型的近似具有十分重要的意义。λ_i 代表顾客到达率，$E(S_i)$ 和 $\mu_i = E(S_i)^{-1}$ 分别代表坐席人员平均服务时间和平均服务率，$R_i = \lambda_i/\mu_i = \lambda_i E(S_i)$ 代表工作负荷，$\rho_i = \lambda_i/(s\mu_i) = R_i/s$ 代表系统占用率，i 代表单个时段。Kingman[101] 提出了拥挤法用于当坐席人员数量小于 10 时，利用指数分布服务时间的服务指标近似计算一般分布服务时间的服务指标：

$$E[Wait\ for\ M/G/s] \approx E[Wait\ for\ M/M/s] * \frac{1+c_s^2}{2}, c_s = \frac{\sigma_s}{E(S)} \tag{2.14}$$

传统的呼叫中心研究重点追求效率导向型的运营模式，通常以员工高利用率为目标，因此在这种运营模式下可以假设顾客在获得服务前都需要等待，根据 Erlang C 方法，上式可以写为，

$$E[Wait\ for\ M/G/s] \approx \left(\frac{1}{s}\right) * E[S] * \left(\frac{\rho}{1+\rho}\right) * \frac{1+c_s^2}{2} \tag{2.15}$$

以上提到的 Kingman 拥挤法只适用于小规模人员配置，当坐席人员规模增加时，则需要平方根安全法则求解人员配置问题。首先固定服务等级 β，根据平方根法则，配置坐席人员安全数目为 $s = R + \Delta = R + \beta * \sqrt{R}$，其 $\beta * \sqrt{R}$ 中代表用来平衡到达随机性的安全坐席人员数。根据该 Erlang C 方法，可以获得呼叫中心的平均等待时间（ASA）和顾客等待时间大于 T 的概率分别是：

$$ASA = E[Wait] = P\{Wait > 0\} * E[Wait | Wait > 0]$$

$$\approx P\{Wait > 0\} * \frac{E(S)}{\beta\sqrt{R}} \quad (2.16)$$

$$TSF \approx P\{Wait > T\} = P\{Wait > 0\} * e^{-(T/E[S])*\Delta} \quad (2.17)$$

呼叫中心管理者利用以上的 ASA 和 TSF 的度量指标为标准，利用平方根安全法则就可以确认相应的人员配置数目。Whitt[102]，Borst[103] 等人研究了坐席人员可以无限条件下的启发式平方根法则。在该无限条件下，坐席人员处于服务状态的数目服从泊松分布。同时该启发式方法假定条件需要限定在大规模呼叫中心，而一个均值为 R 的泊松分布被近似看作为一个正态分布，其中该正态分布均值为 R，标准差为 $\sqrt{R}$ ，从而可以获得所有坐席人员都处于服务状态的概率为：

$$P\{Wait > 0\} = P\{Busy\ servers > s\}$$

$$\approx P\{R + Z * \sqrt{R} > R + \beta * \sqrt{R}\} = 1 - \varphi(\beta) = \alpha \quad (2.18)$$

此外，Borst[103] 还证明了在三种运营模式下平方根法则的有效性，同时又提出了新的服务水平求解问题。Mandelbaum[104] 研究了呼叫中心的运营机制问题，将不同的呼叫中心组合在一起，研究不同的运营机制下服务水平的变化。

以上给出了利用 Erlang C 模型确定短期人员配置的研究问题。按照不同的运营机制，Erlang C 模型可以总结出不同的配置策略，如表 2.2 所示。其中包含两个新定义的变量 $\overline{ASA}$ 和 $\overline{TSF}$ 。在等待时间大于 0 的条件下，以平均服务时间为单位，变量 $\overline{ASA}$ 是指该条件下的平均等待时间，变量 $\overline{TSF}$ 是指该条件下的等待时间大于单位服务时间的概率

$$\overline{ASA} = E\left[\frac{Wait}{E[S]} \middle| Wait > 0\right] \approx \frac{1}{\Delta} \quad (2.19)$$

$$\overline{TSF} = E\left[\frac{Wait}{E[S]} > T \middle| Wait > 0\right] \approx e^{-T\Delta} \quad (2.20)$$

表2.2 呼叫中心运营机制

Table 2.2 Operational regime of call center

	单个中心	质量导向型	效率导向型	质量与效率均衡型
工作负荷	R	mR	mR	mR
安全坐席人员数	$\varnothing$	$\varnothing$	$m\varnothing$	$\sqrt{m}\varnothing$
坐席人员数	$R+\varnothing$	$mR+\varnothing$	$mR+m\varnothing$	$mR+\sqrt{m}\varnothing$
服务等级	$\beta=\frac{\Delta}{\sqrt{R}}$	$\frac{\beta}{\sqrt{m}}$	$\beta\sqrt{m}$	(β)
$P\{Wait>0\}$	$P(\beta)$	$P\left(\frac{\beta}{\sqrt{m}}\right)\uparrow 1$	$P\left(\beta\sqrt{m}\right)\downarrow 0$	$\left(P(\beta)\right)$
坐席人员利用率	$\rho=\frac{R}{R+\Delta}$	$\frac{R}{R+\frac{\Delta}{m}}\uparrow 1$	$\left(\rho=\frac{R}{R+\Delta}\right)$	$\frac{R}{R+\frac{\Delta}{\sqrt{m}}}\uparrow 1$
$\overline{ASA}$	$\frac{1}{\varnothing}$	$\overline{ASA}=\frac{1}{\Delta}$	$\frac{\overline{ASA}}{m}=\frac{1}{m\Delta}$	$\frac{\overline{ASA}}{\sqrt{m}}=\frac{1}{\sqrt{m}\Delta}$
$\overline{TSF}$	$e^{-T\Delta}$	$\left(\overline{TSF}=e^{-T\Delta}\right)$	$\left(\overline{TSF}\right)^m=e^{-mT\Delta}$	$\left(\overline{TSF}\right)^m=e^{-mT\Delta}$

其次是利用 Erlang B 模型来确定问题稳态条件下的系统性能指标，它通过将队长设定为正在工作的坐席人员数目来消除等待，Erlang B 模型衡量服务指标的唯一方式是顾客遇到占线信号的概率（blocking）。针对 Erlang B 模型的人员配置方法，Jagerman[105] 证明了在质量与效率均衡模式下 M/G/s/s 系统的平方根法则 $s=R+\beta*\sqrt{R}$，$-\infty<\beta<\infty$，呼叫顾客遇到系统占线的概率满足：

$$\sqrt{s}*P\{blocking\}\to\phi(\beta)/\varphi(\beta) \tag{2.21}$$

Feinberg[106] 研究了介于 Erlang B 模型和 Erlang C 模型之间的 M/M/s/k 模型，并得出系统队长应该设置为比坐席人员数量多 10%，才能获得最佳的服务水平。队长过长则会使得顾客等待时间过长，相对地队长过短将会导致占线信号过多。Mandelbaum 和 Reiman[107] 研究了 Erlang B 模型中与服务水平 β 相关的平方根法则，Massey 和 Wallace[108] 分析了稳态条件下的等待分布函数。

类似于 Erlang C 模型的重负荷机制分析 [95]，Garnett[94] 分析了 Erlang A 模

型三种运作模式，并且获得了近似的平方根法则。与之前的运作机制处理方式相同，按照延迟的概率趋近于 1，0，或者在（0，1）划分三种模式。在质量与效率均衡型的模式中，安全坐席数为：$s \approx R+\beta^{*}\sqrt{R}, -\infty < \beta < \infty$，此时结果鲁棒性最强，覆盖整个运作模式。然而，对于服务水平 β，分为正值和负值两种，因为放弃使得所有的坐席人员水平的系统都能达到稳定。

对于顾客到达率时变的情况，目前大多数解析方法同样利用 Erlang 模型和平方根安全法则的处理方法。同时，由于时变到达的非平稳性，近年来，基于仿真手段的呼叫人员配置方法也大量地出现，用以求解复杂的现实问题。

Mandelbaum 和 Massey[109] 研究了单个坐席人员，到达率和服务率时变的呼叫服务问题，研究结果表明坐席人员会交替出现低负荷、满负荷以及超负荷三种运作状态，其中稳态分析可以用于低负荷状态的应用，流体方法可以用于超负荷状态的分析，而满负荷状态可以使用马尔可夫链的空更新过程进行分析。Mandelbaum 等 [110] 的研究得到，在考虑顾客放弃和重拨条件下，随着坐席人员数量的增加，通过近似的方法，呼叫中心性能的求解变得更加容易。

Jennings 等 [111] 利用 $M_t/G/\circ$ 排队模型的相关结果推广了平方根安全法则，考虑了各个时段间的相互影响，人员配置随着时变的工作负荷的变化而变化。在该无限的人员配置假设下，可以得出 t 时刻处于服务状态的服务人员数服从均值为 $E\left[\lambda\left(t-S_e\right)\right]E\left[S\right]$ 的泊松分布，其中 S_e 为配置的服务状态人员滞后于呼叫到达的概率，且 $P\left\{S_e \leq t\right\} = \mu\int_0^t P\left\{S > \xi\right\}\mathrm{d}\xi$，相应的平方根安全法则使用时变的负载为

$$R_t = E\left[\lambda\left(t-S_e\right)\right]E\left[S\right] \tag{2.22}$$

Massey 和 Whitt [112] 进一步分析了 $M_t/G/\circ$ 排队模型，提出了改进的工作负载（Modified Offered Load，MOL）近似方法，该方法逐渐减少了最大到达率和最大服务状态坐席人员数目的延迟性。Ingolfsson 等 [98] 研究了 MOL 近似方法和 PSA 近似方法的精确性和计算时间问题。Green 等 [113] 对 PSA 方法进行了相应的改进，提高了精确度，从而更好地为时变的呼叫中心进行人员配置。

Feldman 等[114]研究了时变的 $M_t/G/s_t+G$ 的排队模型，提出了以仿真为基础的循环人员配置（Iterative-Staffing Algorithm，ISA）方法，该方法即使在时变到达率相差较大的条件下也能获得稳定的服务水平。同时，该研究利用马尔可夫 $M_t/M/s_t+M$ 特殊模型证明了算法的收敛性。实验结果表明，ISA 方法产生相对时间稳定的服务性能指标，如坐席人员利用率、顾客放弃率和平均等待时间，而且 ISA 方法的结果与不考虑顾客放弃条件下的 MOL 近似方法基本一致。

针对目前呼叫中心呼叫到达的非平稳性以及时变性的特点，近年来涌现大量利用流体近似（fluid approximation）方法求解呼叫中心性能的研究文献，并且在此基础上应用于呼叫中心的人员配置问题。Jimenez 和 Koole[115]利用连续型流体近似方法求解了时变呼叫中心的人员配置问题，并且通过仿真对比验证了流体近似方法的精确性。Harrison 和 Zeevi[116]等利用一类流体近似模型，通过静态随机规划求解了呼叫中心柔性人员配置问题。Whitt[117，118]提出了效率导向型呼叫中心的流体模型，并且针对呼叫的不确定到达和坐席人员缺席因素，进行了呼叫中心人员配置。Gurvich 等[119]利用流体模型近似了一类大规模多层级的呼叫中心，并且通过机会限制规划方法求解了相应的人员配置问题。Bassamboo 和 Randhawa[120]利用了流体模型研究了排队模型的人员配置问题，在不同的运营目标下，研究获得了顾客放弃因素对排队模型的人员配置的影响，以及相应的流体模型的精确值。

此外，近年来越来越多的大型多技能呼叫中心的应用，导致由此产生的呼叫路由和坐席人员“交叉培训（cross trained）”的问题成为研究重点。在此问题背景下，坐席人员“多技能”要求以及路由策略的差异化，使得呼叫中心管理者进行人员配置变得更加复杂。针对此类问题呼叫中心人员配置的研究文献大多采用复杂的仿真优化或者近似优化方法，主要可以分为三类：第一类是用启发式算法与仿真相结合的方法；第二类是仿真与数学规划方法相结合的方法；第三类是近似方法与数学规划方法相结合的方法。Wallace 和 Whitt[121]利用了启发式算法求解考虑路由策略和人员配置的呼叫中心运作问题，并且通过现实的数据验证了算法的有效性。Cezik 和 L’Ecuyer[122]利用线性规划与仿真相结合的优化方法，求解了多技能呼叫中心的人员配置和路由问题。Iravani 等[123]提出了呼叫中心的“交叉培训问题”，并通过标准的最短路径算法求解了呼叫中心最优的坐席人员交叉培训结构问题。Robbins 和 Harrison[124]考虑了类似的坐席人员交叉培训背景，并且在此基础上进行了坐席人员配置和排班的求解。Bertsimas 和 Doan[125]利用流体模型近似了带有人员配置和路由设计问题的大型多层级呼叫中心，同时在研究中考虑了随机到达和顾客放弃等因素，通过鲁棒优化方法求解相应问题。

2.5 本章小结

本章在查阅了大量文献的基础上，分别针对呼叫排队系统建模问题、等待时间提醒影响问题以及人员配置问题进行了综述。

首先，概述了国内外呼叫中心运作管理现状以及人员规划问题的基本构成，然后从排队论的视角给出呼叫排队系统的决策问题和基本的理论；其次，从顾客不耐烦的行为角度出发，概述了等待时间提醒模式及其对呼叫中心运作管理的影响；最后，针对本书重点研究的呼叫中心人员配置管理问题，从基本理论和研究现状两个方面进行了详细的概括。通过对以上相关文献的总结和分类，为后续章节的研究奠定坚实的理论基础。

第三章 考虑顾客耐心变化的呼叫中心提醒等待时间决策模型

3.1 引 言

现实中“不确定的等待比可预知的等待更漫长”，这种“看不见队列”的特点成为影响呼叫中心的重要因素[43]。当前许多呼叫中心通过提醒用户需要排队的时间来改善用户的满意度。然而，提醒等待时间的决策对呼叫中心与顾客双方都有影响，如果时间太短，则会导致多数客户选择等待，增加呼叫中心排队系统负荷，导致实际时间长于提醒给客户的时间，从而降低用户满意度；如果时间过长，则会导致客户选择离开，导致系统资源利用率下降，降低呼叫中心服务率。因此，如何合理地确定提醒时间对于呼叫中心运营管理具有非常重要的作用。

本章作为全文的带等待提醒的排队设计模型基础，首先，综合考虑了服务效用和客户等待成本等影响因素，以及顾客的放弃行为和耐心分布，构建了带有被提醒顾客耐心反应的呼叫中心排队系统，并且提出了以呼叫中心系统效用值最大化为目标的提醒时间决策方法，给出了基于混沌搜索相应求解算法。其次，针对带有被提醒顾客耐心反应的呼叫中心排队系统，从呼叫中心和顾客双方效用最大化角度出发，建立了呼叫中心提醒时间和顾客耐心度主从博弈模型。在此基础上，通过数值实验分析不同运营模式下的最优提醒时间和效用值的变化规律，作为实践管理工作的参考。

3.2　考虑顾客耐心变化的提醒可靠性决策模型

在等待时间提醒模式下的呼叫中心中，提醒时间长短的确定对顾客满意度和呼叫中心效用具有重要影响作用。本节针对一类带有排队等待时间提醒的 M/M/s+M 排队模型，研究排队时间提醒对顾客耐心心理与放弃行为的影响规律，用概率函数描述顾客心理变化和放弃行为，推导稳态下的排队系统的性能计算公式，构建了最大化系统效用值的优化模型和混沌搜索求解算法。

3.2.1　问题假设与参数

本节研究了一个带排队等待信息提醒的单技能多服务台呼叫中心，模型记为 M/M/s+M。假设呼叫中心有 s 个服务台，顾客电话的到达服从参数为 λ 的泊松分布，坐席人员服务时间服从参数为 μ 的指数分布，n 为等待服务队列中的顾客数（n ≥ 0）。呼叫中心排队服务流程如图 3-1 所示，其中顾客打电话时的初始耐心值为 T，即最大愿意等待的时间，服从参数为 θ 的指数分布。近似的顾客虚拟等待时间为 W_n 和提醒给顾客的等待时间为 w_n。

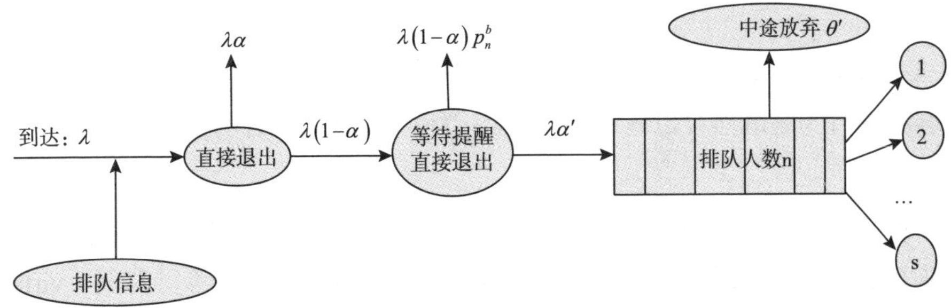

图3-1　带排队信息提醒的呼叫中心服务流程图

Fig. 3-1　Schematic representation of call center with delay information

对于一个新到达的顾客，当系统队列中顾客数量小于空闲服务台个数，该顾客立即得到服务；否则，顾客可能选择直接退出，概率为 α，该部分直接退出顾客为极端不耐烦顾客；第一阶段剩余顾客则获得系统提醒需要排队的时间，当提醒的排队时间大于顾客耐心值，则选择退出，概率为 p_n^b，该部分直接退出概率为呼叫中心提醒时间所调节概率，如式（3.1）所示：

$$p_n^b = P(T < w_n) = 1 - e^{-\theta w_n} \tag{3.1}$$

第二阶段剩余顾客则进入系统等待，概率 α' 如式（3.2）所示：

$$\alpha' = (1-\alpha)(1-p_n^b) \tag{3.2}$$

一般来说，呼叫中心采取通过设置提醒给顾客排队信息的可靠性，来调节近似的顾客虚拟等待时间为 W_n 和提醒给顾客的等待时间为 w_n 之间的关系，可靠性定义如下：

定义 3.1 可靠性概率 β：呼叫中心提醒给顾客的排队信息可靠性，就是近似出的顾客虚拟排队等待时间 W_n 不超过提醒排队等待时间 w_n 的概率，如式（3.3）所示：

$$\beta = P(W_n < w_n) \tag{3.3}$$

在理性条件下，顾客获得提醒排队信息之后，原有耐心值 T 将发生变化，产生新的耐心值 [81]，新耐心值定义如下：

定义 3.2 顾客新耐心值 T'：顾客听到排队信息后，等待耐心会发生变化，用系数 φ 来表达耐心值变化率，最大愿意等待时间由 T 变为 T'，T' 近似服从参数为 θ' 的指数分布，θ' 为进入排队顾客中途放弃率，如式（3.4）所示：

$$T' = \varphi w_n \tag{3.4}$$

一般来说，φ 为大于 1 的常数，其现实意义是：顾客得到提醒信息后，顾客心理行为是既然可以等待 w_n 时长，为了不使已等时间枉费，则不得不等更长时间。

定义 3.3 顾客实际虚拟时间 W_n：是指当系统存在 n 个顾客时，新进入排队系统的顾客在得到服务前需要等待的时间，其中“虚拟等待时间（virtual waiting time）[41]”是指被近似的第 n 个顾客假设其具有无穷大耐心时所等待的时间。这个过程是纯灭的随机过程，如图 3-2 所示。这里 W_n 是在考虑顾客耐心值发生变化情况下的分布。

图3-2　系统纯灭过程示意图

Fig. 3-2　Schematic representation of pure death process

变量 W_n 是从状态 $s+n+1$ 到达吸收态 s 的等待时间，其中，图中 $s+n+1$ 到 s 过程代表系统流出状态。因此，W_n 的分布是参数为 $s\mu$，$s\mu+2\theta'$，…，$s\mu+n\theta'$ 的 $n+1$ 个独立同指数分布的卷积，服从亚指数分布。

设 $g_n(t)$ 是 W_n 的概率密度函数，$G_n(t)$ 是 W_n 的累计分布函数，$E(W_n)$ 是 W_n 的期望值：

$$g_n(t)=\sum_{i=0}^{n}\left(\prod_{j=0,j\neq i}^{n}\frac{s\mu+j\theta'}{(j-i)\theta'}\right)(s\mu+i\theta')e^{-(s\mu+i\theta')t}, \tag{3.5}$$

$$G_n(t)=1-\sum_{i=0}^{n}\left(\prod_{j=0,j\neq i}^{n}\frac{s\mu+j\theta'}{(j-i)\theta'}\right)e^{-(s\mu+i\theta')t}, t\geqslant 0,$$

$$E(W_n)=\sum_{i=0}^{n}\frac{1}{s\mu+i\theta'} \tag{3.6}$$

由式（3.3）和式（3.5）可以得到提醒等待时间 w_n，如式（3.7）所示：

$$w_n=G_n^{-1}(\beta) \tag{3.7}$$

定义 3.4　中途放弃概率 $r_n(\varphi)$：是指当系统存在 n 个顾客时，新来顾客在听到排队提醒信息之后中途放弃的条件概率，可以表示为：

$$r_n(\varphi)=P(T'<W_n|T>w_n) \tag{3.8}$$

由于 T 和 W_n 是相互独立的，且 $T'=\varphi w_n$，所以有：

$$r_n(\varphi)=P(\varphi w_n<W_n) \tag{3.9}$$

由式（3.5）和式（3.9）展开得：

$$
\begin{aligned}
r_n(\varphi) &= P(\varphi w_n < W_n) \\
&= 1 - P(W_n \leqslant \varphi w_n) \\
&= \sum_{i=0}^{n}\left(\prod_{j=0, j\neq i}^{n} \frac{s\mu + i\theta'}{(j-i)\theta'}\right) e^{-(s\mu+i\theta')\varphi w_n}
\end{aligned} \tag{3.10}
$$

定义 3.5 新到顾客获得服务的概率 ψ_{n+1} [126]：是指当系统存在 n 个顾客时，任意一位新到达呼叫中心的顾客，最终能获得服务的概率，如式（3.11）所示：

$$
\psi_{n+1} = \prod_{i=1}^{n+1}\left(1 - \frac{\theta'}{s\mu + i\theta'}\right) \tag{3.11}
$$

如图 3-2 所示，对于在系统中处于 $s+n+1$ 状态的新到达顾客，通常有两种选择：一是以 ψ_{n+1} 的概率获得服务然后离开；二是以 1- ψ_{n+1} 的概率离开系统。当 $s+1 \leqslant i \leqslant s+n$，系统状态 i 转移至 i-1，获得服务率为 $s\mu$，而放弃率为 $(i-s)\theta'$，所以状态 i 中，顾客中途放弃的概率为 $\theta'/s\mu + i\theta'$，因此获得 ψ_{n+1} 的表达。

3.2.2 稳态条件下系统性能指标与计算

本书的呼叫中心系统状态变化如图 3.3 所示，顾客到达，接受服务，放弃之间是相互独立的，且顾客耐心时间是与排队状态无关的独立变量。随机变量 L（t）代表在 t（$t \geqslant 0$）时刻呼叫中心中的顾客人数，$\{L(t), t \geqslant 0\}$ 是一个生灭过程，图 3-3 中从左至右表示瞬间流入状态，而从右至左则为瞬间流出状态，状态 s 为分界点。

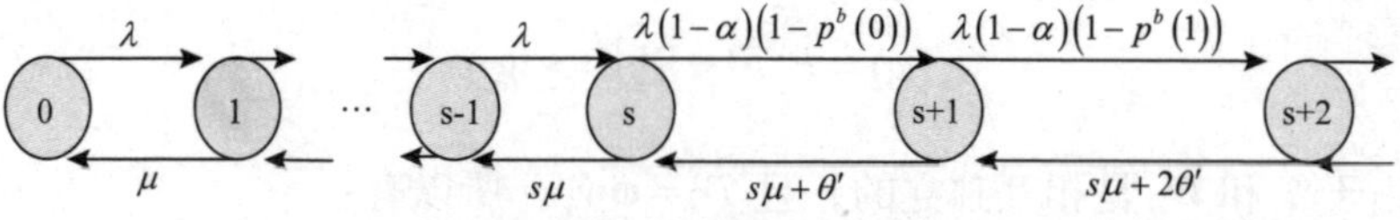

图3-3 排队模型的生灭过程

Fig. 3-3 The birth-and-death process of the model

p（i）代表系统中存在 i 个顾客的稳态概率：

$$p(i)=\frac{\lambda^i}{i!\mu^i}p(0)，\ 其中 1\leqslant i\leqslant s,$$

$$p(i)=\frac{\lambda^i(1-\alpha)^{i-s}}{s!\mu^s}\left(\prod_{j=1}^{i-s}\frac{1-p^b(j-1)}{s\mu+j\theta'}\right)p(0)，\ 其中 i>s,$$

$$p(0)=\left(\sum_{i=0}^{s}\frac{\lambda^i}{i!\mu^i}+\sum_{i=s+1}^{\infty}\frac{\lambda^i(1-\alpha)^{i-s}}{s!\mu^s}\left(\prod_{j=1}^{i-s}\frac{1-p^b(j-1)}{s\mu+j\theta'}\right)\right)^{-1} \tag{3.12}$$

本书利用 PASTA（Poison Arrivals See Time Averages）[127]，可以得到系统稳态状态下的等待服务的平均顾客数 L，顾客直接退出的概率 p^B，顾客中途放弃的概率 p^R，顾客得到服务的概率 p^S，顾客放弃率 λ^R，如式（3.13–3.17）所示：

$$L=\sum_{i}^{\infty}ip(i+s) \tag{3.13}$$

$$p^B=\sum_{n=0}^{\infty}(\alpha+(1-\alpha)p_n^b)p(n+s) \tag{3.14}$$

$$p^R=\frac{\theta' L}{\lambda} \tag{3.15}$$

$$p^S=1-p^R-p^B \tag{3.16}$$

$$\lambda^R=\sum_{n=0}^{\infty}\lambda\alpha' p(s+n)r_n(\varphi) \tag{3.17}$$

$E(W|S)$代表得到服务的顾客的平均等待时间[128]，

$$E(W|S)=\frac{\sum_{n=0}^{\infty}(1-\alpha)(1-p_n^b)\psi_{n+1}p(s+n)(E(W_{n+1})-(1/s\mu))}{p^S} \tag{3.18}$$

在性能指标计算公式基础上，采用基于固定点法[129]和二分法的求解方法。首先，通过队列中顾客的放弃率 θ'，可以获得队列的放弃率 λ^R：

$$\lambda^R=\theta' L \tag{3.19}$$

由式（3.13）、（3.17）和（3.19），可以得到式（3.20）：

$$\theta' = \frac{\lambda}{L}\sum_{n=0}^{\infty}\alpha' p(s+n) r_n(\varphi) \tag{3.20}$$

由于 L，$p(s+n)$，$r_n(\varphi)$ 和 p_n^b 是 θ' 的函数，所以（3.20）式的右边式子可以表示为 $f(\theta')$，即有 $\theta'=f(\theta')$。本书采用了固定点算法计算 θ' 的值。固定点算法的思想就是将等式（3.20）右边 f 看作一个连续函数，左边 θ' 是 f 的固定点。获得未知值 θ' 后，就可以得到系统其他性能指标，计算主要流程如图 3-4 所示。

其中，固定点算法的流程如下：

步骤 1 参数初始化，$\theta'^{(0)} \leftarrow \theta, i \leftarrow 0, \varepsilon$

步骤 2 当 $\left|\frac{\theta'^{(i)} - \theta'^{(i-1)}}{\theta'^{(i-1)}}\right| > \varepsilon$ 时，

计算 $\theta'=f(\theta')$ 方程右边，其中计算公式如下：

$$\lambda^{R(i)} = \sum_{n=0}^{\infty}\lambda\alpha'_n(\theta'^{(i-1)})\, p(s+n)(\theta'^{(i-1)}) r_n(\theta'^{(i-1)})$$

$$L^{(i)} = \sum_{i=1}^{\infty} ip(s+i)(\theta'^{(i-1)})$$

步骤 3 更新 $\theta'^{(i)}$,其中 $\theta'^{(i)} = \lambda^{R(i)} / L^{(i)}$。

步骤 4 循环次数 +1，然后返回步骤 2。

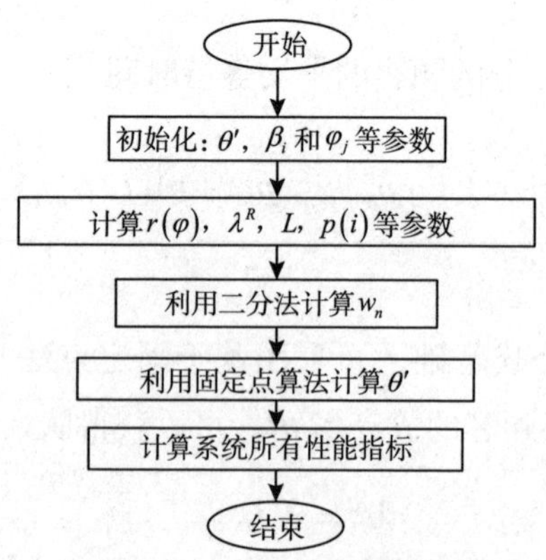

图3-4 算法主要流程图

Fig. 3-4 The flow chart of algorithm

3.2.3　提醒时间可靠性决策模型

提醒时间可靠性决策模型的目标是在考虑提醒等待时间对顾客放弃行为影响前提下，确定提醒时间策略，使得呼叫中心的效用值最大。其中，呼叫中心的效用值包括三部分：第一部分为呼叫中心服务顾客给系统带来效益值，该部分效益为 c_1p^s。第二部分为选择放弃的顾客给系统带来的“顾客流失损失”，该部分损失可划分为两部分，分为直接退出损失 c_bp^B 和中途放弃损失 c_rp^R，c_b 和 c_r 是对于由系统等待而造成顾客放弃流失的惩罚，不同类型放弃顾客惩罚系数不同，根据给顾客带来的损失而定。一般来说，直接退出的顾客是没有任何等待而离开，而中途放弃的顾客则经历了一段等待没有获得服务，从顾客心理来说中途放弃给顾客带来了更大的损失，即 $c_b < c_r$；第三部分为得到服务的顾客，由于等待而带来的满意度损失，即 $c_2E\left(W|S\right)$。

模型的决策变量为提醒时间可靠性 β，本节的模型可以通过公式（3.21）表达：

$$\begin{cases}\max u(\beta)=c_1p^S-c_bp^B-c_rp^R-c_2E\left(W|S\right)\\ s.t. 0<\beta<1\end{cases} \tag{3.21}$$

充分理解提醒可靠性与顾客相关性能指标之间的关系是十分重要的，下面给出二者随机比较的结果，直接表明了提醒可靠性与顾客放弃行为的关联。

推论 3.1：给定提醒时间可靠性决策系统，对于任意两个确定的参数 a 和 b 存在可靠性概率 $\beta_a > \beta_b$ 的关联，相应地，顾客直接退出概率和中途放弃概率存在如下关系：$p_a^B > p_b^B$ 和 $p_a^R < p_b^R$[81]。

总之，增加提醒时间可靠性概率会降低顾客中途放弃的概率，并且导致直接退出概率增加。提醒时间可靠性可以作为顾客中途放弃和直接退出的控制变量，用以调节顾客相应的行为。

3.2.4　基于混沌搜索算法的模型求解

从推论 3.1 可知可靠性 β 与顾客放弃之间的关系，由于模型（3.21）中无法给出呼叫中心效用目标与 β 之间的关系，本书选取混沌搜索算法，进行模型求解。混沌搜索算法直接采用混沌变量在允许解空间进行搜索，由于搜索过程按混沌运动自身规律进行，因此它更易于跳出局部最优解，有利于找到最优解，搜索效率高，混沌搜索对目标函数没有限制，可以是凸或者非凸，又可以在一定范围内遍历求解，只需要已知变量的取值区间[130-131]。由于本模型目标及决策变量的特点，所以适合选用混沌搜索算法进行求解。

算法基本步骤：

步骤 1 算法初始化，置 $k=0$，$k'=0$。取 0.51 ~ 0.99（或 0.01 ~ 0.49）中任意一个随机数，作为变量初值 y_0，注意 y_0 不能为 0，0.25，0.5，0.75，1，利用变量 $y_{n+1}=4y_n(1-y_n)$ 产生区间 [0，1] 内混沌变量 y_n；

步骤 2 载波。将混沌变量变换到优化问题的允许解空间，具体的转化方法为 $\beta_n=c+dy_n$，其中 c 和 d 为常数，相当于放大倍数；

步骤 3 用混沌变量进行迭代搜索。令 $\beta(k)=\beta_n^*$，计算相应的性能指标 u（k）；

令$\beta^*=\beta(0)\quad u^*=u(0)$；

若$u(k)<u^*$，则$u^*=u(k)$，$\beta^*=\beta(k)$；

若 $u(k)\geqslant u^*$，则放弃 u（k）；

$k=k+1$；

步骤 4 二次载波。如果经过步骤 3 的若干步搜索，β^* 都保持不变，则按式（3.22）进行二次载波，反之，返回步骤 3；

$$\beta_n'=\beta^*+\alpha o_n \tag{3.22}$$

其中，α 为调节系数，αo_n为区间为 [-1，1] 的混沌变量，β^* 为当前最优解。

步骤 5 二次载波后的混沌变量继续迭代搜索。

令$\beta(k')=\beta_n'$，计算相应性能指标 $u(k')$；

若$u(k')<u^*$，则$u^*=u(k')\quad \beta^*=\beta(k')$；

若$u(k')\geqslant u^*$，则放弃$u(k')$；

$k' = k' + 1$；

步骤 6　若满足终止判据搜索结果，搜索结束并输出最优解 β^* 和最优值 u^*；反之，返回步骤 5。

以上为求解模型（3.21）的算法基本步骤，此外，在计算系统中两个重要中间变量提醒时间 w_n 和进入队列顾客的中途放弃概率 θ'，本书根据3.2.2节介绍的二分法计算 w_n 和固定点法求解 θ'。

3.2.5　数值实验与影响因素分析

本节通过数值实验，基于混沌搜索算法，首先研究了不同运营模式下提醒时间可靠性对呼叫中心性能影响；其次分析了顾客耐心波动对呼叫中心提醒可靠性选择和效用值的影响。

模型求解算法采用 Matlab 编程实现，在 CPU 为 Intel Core 2（2.67 GHz），内存为 2GB 的计算机上运行。$\rho=\lambda(S\mu)$ 表示呼叫中心的运营负荷，$\rho<1$，$\rho=1$，$\rho>1$ 分别代表了呼叫中心的质量驱动型、质量与效益均衡型和效益驱动型三种运营模式。实验的全局参数设置 $\alpha=0.05$，$\mu=1$，$\theta=0.5$，$s=10$，$c_1=1$，$c_b=1$，$c_r=3$，$c_2=3$。

3.2.5.1　提醒时间可靠性对呼叫中心性能的影响

本节首先研究了提醒等待时间可靠性对系统性能指标的影响。取 -1.8，呼叫中心运营负荷分别为 $\rho=0.8$，$\rho=1$，$\rho=1.2$，如表 3-1 至表 3-3 所示：

表3-1　不同提醒可靠性 β 下的系统性能指标（$\rho=0.8$）

Table 3-1　The impact of announcement coverage β on system performance（$\rho=0.8$）

β	p^s	p^B+3p^R	$E(W\|S)$	$\mu(\beta)$
10%	0.8873	0.3215	0.0009	0.5632
20%	0.8968	0.2817	0.0036	0.5989
30%	0.9057	0.2532	0.0079	0.6289
40%	0.9139	0.2206	0.0134	0.6531
50%	0.9212	0.1898	0.0198	0.6719
60%	0.9276	0.1607	0.0269	0.6862
70%	0.9329	0.1333	0.0343	0.6966
80%	0.9369	0.1076	0.0416	0.7043
90%	0.9385	0.084	0.0474	0.7122

表3-2 不同提醒可靠性β下的系统性能指标（ρ=1）

Table 3-2 The impact of announcement coverage β on system performance （ρ=1）

β	p^s	p^B+3p^R	$E(W\|S)$	$\mu(\beta)$
10%	0.7979	0.5756	0.0021	0.2161
20%	0.8107	0.5244	0.0085	0.2608
30%	0.8223	0.4751	0.0184	0.2921
40%	0.8325	0.4287	0.0307	0.3118
50%	0.8413	0.3849	0.0449	0.3218
60%	0.8489	0.3427	0.0607	0.3242
70%	0.8554	0.301	0.0779	0.3207
80%	0.8606	0.2581	0.0964	0.3133
90%	0.8639	0.2101	0.1153	0.3081

表3-3 不同提醒可靠性β下的系统性能指标（ρ=1.2）

Table 3-3 The impact of announcement coverage β on system performance （ρ=1.2）

β	p^s	p^B+3p^R	$E(W\|S)$	$\mu(\beta)$
10%	0.7123	0.8176	0.0039	−0.117
20%	0.7262	0.7561	0.0156	−0.0768
30%	0.7378	0.6998	0.0326	−0.0597
40%	0.7473	0.6493	0.053	−0.06
50%	0.7552	0.6003	0.0761	−0.0734
60%	0.7618	0.5536	0.1017	−0.097
70%	0.7675	0.5057	0.1304	−0.1294
80%	0.7725	0.4526	0.1632	−0.1696
90%	0.7767	0.3844	0.2025	−0.2151

提醒可靠性β越大，说明提醒的等待时间接近近似的实际等待时间概率越大，即给定提醒等待时间相对长。文献[81]已经详细给出β与顾客放弃行为的变化关系，本书主要讨论提醒可靠性β与系统各效用函数之间的关系。

由表3-1到表3-3可以看出，由于顾客获得服务率，综合放弃率和平均等待时间变化趋势不随呼叫中心负荷ρ的变化趋势而改变，所以本节只针对分析ρ=1时对系统三种性能的影响。如图3-5所示，β的增大将导致顾客获得服务率增加，综合顾客放弃率的下降，以及等待时间减少。

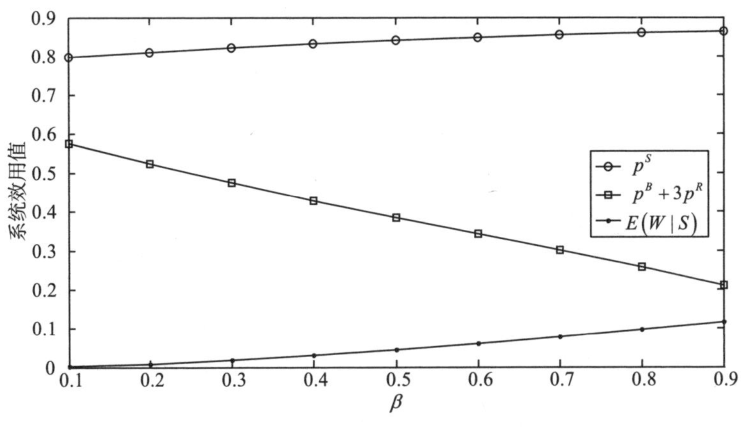

图3-5　β对系统的效用值（ρ=1）

Fig. 3-5　The impact of β on system utility（ρ=1）

如图 3-6 所示，运营模式为 ρ=1 和 ρ=1.2 的呼叫中心效用值随着 β 的增加，首先上升，原因是 β 的增大导致 P^s 平稳上升和顾客综合放弃率平稳下降，平均等待时间下降缓慢。当呼叫中心效用值 u（β）达到最大后，顾客获得服务概率 P^s 变化缓慢，而顾客平均等待时间随着 β 的增加大幅增加，导致呼叫中心效用值逐渐下降，所以该呼叫中心最优效用值在 β=0.6 和 β=0.3 取得。然而，ρ=0.8 的运营模式，由于呼叫中心运行负荷较小，平均等待时间变化幅度较小，所以呼叫中心随着 β 一直呈现逐渐上升的趋势。本书充分考虑等待时间对顾客满意度的影响，下面主要针对 $\rho\geqslant1$ 的呼叫中心运营模式进行研究。

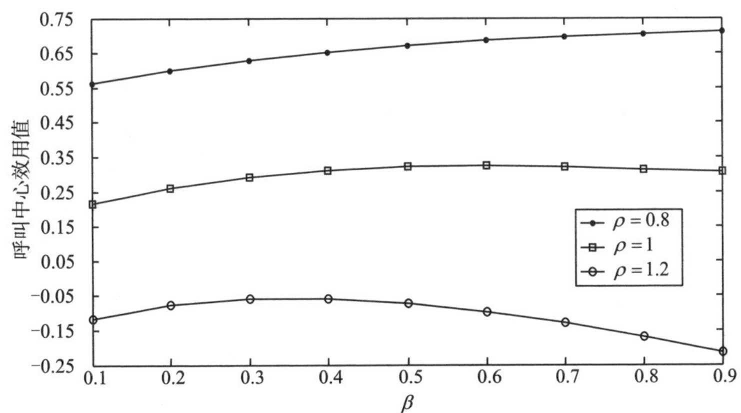

图3-6　不同提醒可靠性下的呼叫中心效用值

Fig. 3-6　Call center utility under different announcement coverages

3.2.5.2 顾客耐心波动对呼叫中心效用的影响

顾客耐心波动对呼叫中心效用的影响，即听到提醒时间后顾客耐心系数的 φ 变化影响。选取 β=0.9，本节利用混沌搜索算法计算不同的耐心波动下，考察五种运营负荷情况下（$\rho \geqslant 1$），系统的最优提示策略和效用值。从图 3-7 可以看出，随着顾客耐心系数变大，系统的最优提示策略逐渐下降，原因是针对等待耐心较长的顾客，系统需要提供使得更多顾客留在队列的等待信息，即“较短的等待时间信息”，从而增加服务率。另外，呼叫中心负荷越大，提示排队时间可靠性灵敏度越大，负荷高的呼叫中心的提醒提示时间策略 β 下降速率明显高于负荷低的，原因是高负荷运营的呼叫中心队列拥挤程度较大，导致提醒所提示的信息对顾客等待影响相对较大，针对不同顾客群体的提醒提示策略需要有更大的调整。

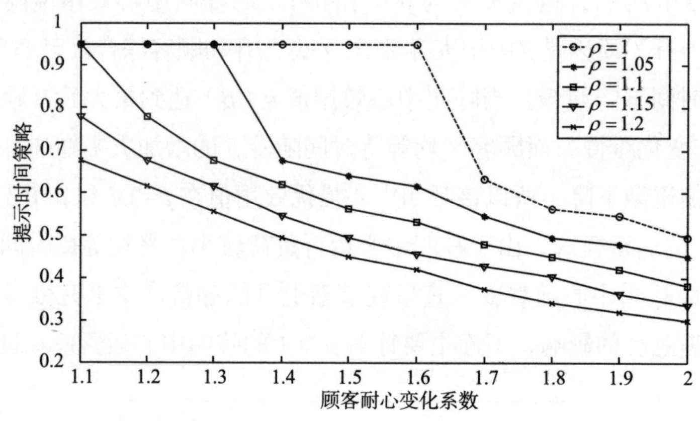

图3-7 不同负荷下呼叫中心最优提示时间策略

Fig. 3-7 Optimal announcement coverage of call center under different loads

图 3-8 显示，随着顾客耐心波动越大，呼叫中心效用值一直减少，原因是耐心波动不断增加导致系统的效用值减少，且变化的速度远大于 β 导致系统效用值的变化。另外，不同负荷的呼叫中心效用值总体变化呈微小的下降趋势。呼叫中心负荷越大，系统的目标效用越小，说明该系统已经充分考虑“顾客满意度”，所以注重“质量”的呼叫中心具有更高的效用值。

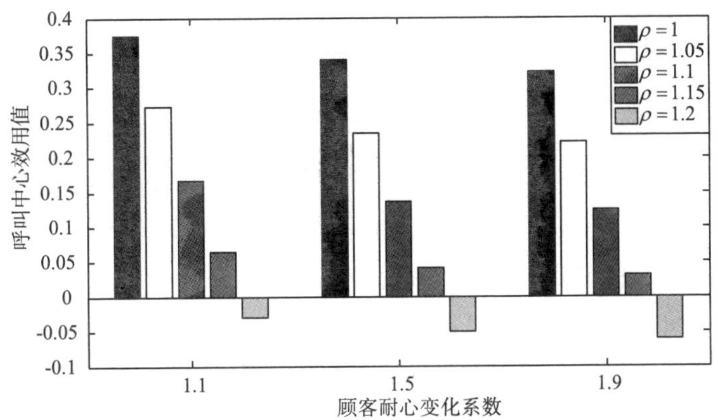

图3-8　不同负荷下呼叫中心最优效用值

Fig. 3-8　Optimal call center utility under different loads

3.3　呼叫中心提醒时间与顾客耐心的主从博弈模型

通过上节对等待时间提醒的呼叫中心服务过程分析，可以发现提醒时间可靠性、顾客耐心变化与系统相关性能存在一定的关联，双方从各自的利益出发存在一种博弈的关系。实际上，提醒排队信息可以看作是一种主动式的顾客行为诱导方式，其特点是通过传递等待时间信息引导和控制顾客的心理和行为。由于信息提醒的非强制性，可以把对于提醒等待时间决策和反应看作是呼叫中心管理者和顾客之间的特殊博弈关系。因此，针对呼叫中心与顾客之间的提醒排队时间确定与顾客耐心度选择问题，本书采用了 stackelberg 主从博弈模型 [132] 求解。首先，针对 3.2 节所提出的考虑顾客耐心变化的 M/M/s+M 排队模型，建立了基于呼叫中心和顾客效用函数的非合作 Stackelberg 博弈模型，目标是求呼叫中心和顾客效用值最大的最优策略，并且采用二分法和固定点结合的系统性能指标求解算法。最后，通过数值实验，对比了不同博弈策略下的呼叫中心和顾客的效用值。

3.3.1 提醒时间可靠性与顾客耐心度的主从博弈模型与求解

本节采用3.2节所提出的考虑顾客耐心变化的提醒可靠性决策排队模型的参数定义及假设条件，同样研究了带排队等待信息提醒的单技能多服务台呼叫中心。基于对考虑顾客耐心变化的提醒可靠性决策模型的排队过程分析，可以得到提醒信息可靠性、顾客耐心变化与系统相关性能的关系。等待提醒模型下的呼叫中心最大特点是通过传递等待消息引导和控制顾客放弃或等待的行为，从而达到改善呼叫中心拥堵性的目的。由于呼叫中心排队信息诱导的非强制性，因此，我们建立了以呼叫中心主导，在预测顾客反应的基础上确定排队信息方案，而顾客则在排队信息确定之后选择自己的决策方案，该问题描述为两级 Stackelberg 博弈。其中，呼叫中心作为主要的决策者决策延迟信息，需要保证系统性能以达到动态系统最优状态。这一模型比较完整地描述了以实现系统最优与用户最优的平衡和统一为目标的特点，具体模型如下：

（1）呼叫中心效用函数。呼叫中心的策略是通过提醒信息可靠性的诱导和控制顾客的放弃行为。呼叫中心的效用函数表示为：

$$U_{\text{hu}}(\beta,\varphi)=r_1 p^s - c_1\text{E}(W|S) \tag{3.23}$$

式中 P^s 代表顾客得到服务的概率，$E(W|S)$ 代表获得服务的顾客的平均等待时间，r_1，c_1 分别代表呼叫中心服务获得的收益和顾客等待给呼叫中心所带来的损失。

（2）顾客的效用函数。顾客的策略是根据呼叫中心提醒的信息来选择耐心值的调整和等待行为。顾客的效用函数表示为：

$$U_{\text{gu}}(\beta,\varphi)=r_2 - c_2\text{E}(W|S) \tag{3.24}$$

式中 U_{gu} 代表获得服务的顾客效用值，直接退出和中途放弃的顾客损失则通过模型中约束条件来限制。r_2，c_2 分别为顾客得到服务的收益和顾客等待给自身所带来的损失。

（3）构建双层规划模型。呼叫中心和顾客选择行动是按照先后顺序发生的，呼叫中心先提供一个等待时间信息，继而顾客根据等待信息来选择合适自己的行为。根据以上过程描述，呼叫中心以及顾客的决策过程，可以采用双层规划来建模，构建双层规划模型如下：

$$\begin{cases}\underset{\beta_i}{\text{Max}}\, U(\beta_i,\varphi_j)=p^S r_1 - c_1\text{E}(W|S) \\ \quad s.t.\, c_b p^B + c_r p^R \leqslant \gamma \\ \qquad 0<\beta_i<1 \\ \quad \underset{\varphi_j}{\text{Max}}\, U(\beta_i,\varphi_j)=r_2 - c_2\text{E}(W|S) \\ \qquad s.t.\, c_b p^B + c_r p^R \leqslant \gamma \\ \qquad\quad 1<\varphi_j<2 \end{cases} \tag{3.25}$$

其中，顾客直接退出的概率为 P^B，顾客中途放弃的概率为 P^R。约束条件是 P^B 和 P^R 权重概率之和小于约束值 γ，P^B 的惩罚系数为 c_b，P^R 的惩罚系数为 c_r，i 和 j 代表呼叫中心和顾客的选择方案。

主从博弈问题是双层规划最优解问题，属于 NP 难问题，目前有极点搜索法、分支定界法、模糊数学算法，遗传算法和混沌优化算法等 [133]，求解过程复杂，需要验证解的均衡性 [134]。基于以上建立的博弈模型，仍然选择 3.2.2 节所构建的系统性能指标，$E(W|S)$，P^B，P^R 和 P^S，并基于固定点法和二分法的求解方法求解博弈模型中的性能指标数值，然后通过给定的博弈策略，对模型进行比较策略分析。

3.3.2 数值实验与影响因素分析

本节数值实验主要分为两个部分，首先分析了不同运营模式下的提醒信息可靠性和顾客耐心变化对系统性能的影响；其次分析了不同博弈方案对博弈模型中呼叫中心与顾客效用的影响。$\rho=\lambda/(S\mu)$ 表示呼叫中心的运营负荷。本节模型求解算法采用 Matlab 编程实现，在 CPU 为 Intel Core 2（2.67 GHz），内存为 2GB 的计算机上运行。实验的全局参数设置为：α=0.05，μ=1，θ=0.5，s=10，c_b=c_r=1。

3.3.2.1 提醒时间可靠性与顾客耐心变化对系统性能的影响

本节首先进行了提醒信息可靠性对该类呼叫中心排队系统的顾客行为影响分析。假设顾客到达率 λ=10，顾客耐心变化系数 φ=1.2。由图 3-9 至图 3-11 可知，随着提醒可靠性 β 不断增大，不同的负荷系统顾客行为变化趋势整体相同，P^B 随之增大，P^R 随之减少，顾客得到服务率 P^S 逐渐增加，其中验证了推论 3.1 中顾客直接退出与中途放弃随 β 的变化规律，且提醒可靠性对顾客行为的控制作用随着系统负荷的增加而增大。

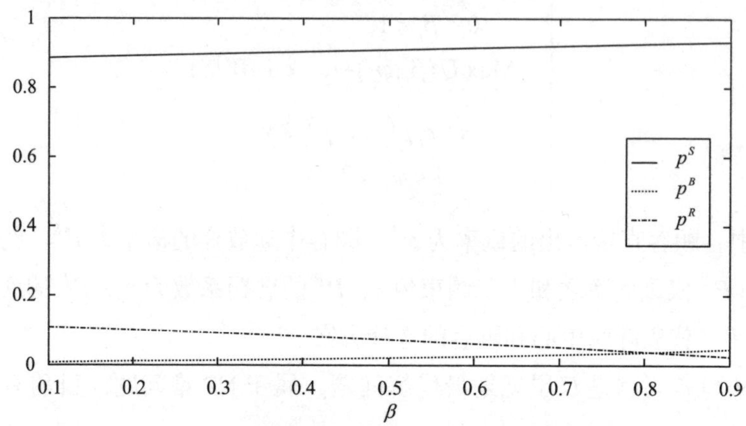

图3-9　质量驱动型的β对顾客行为的影响

Fig. 3-9　The impact of β on customer behavior in ρ=0.8

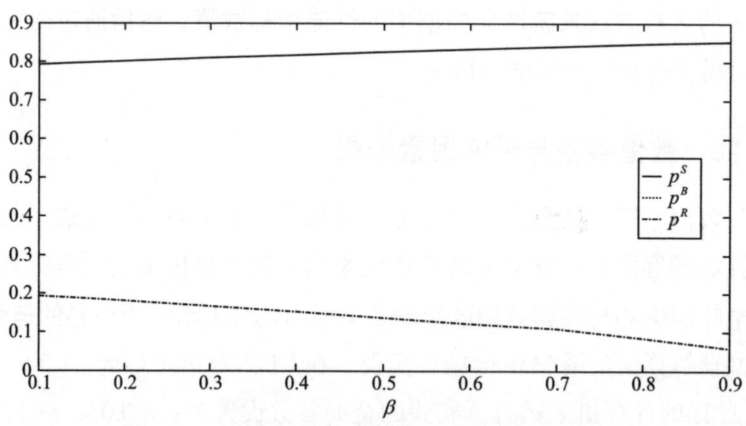

图3-10　质量与效率均衡型的β对顾客行为的影响

Fig. 3-10　The impact of β on customer behavior in ρ=1

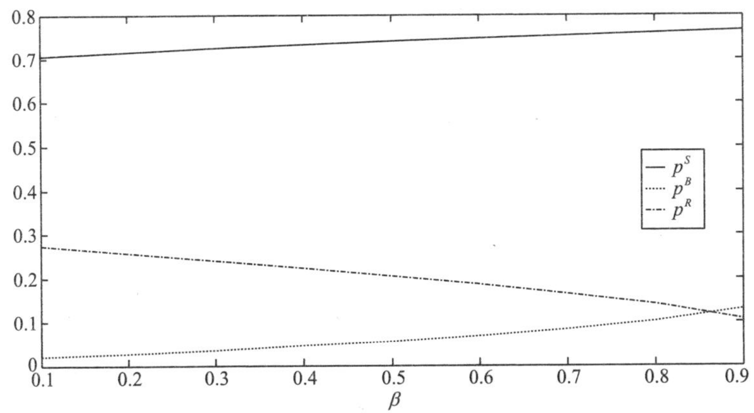

图3-11　效率驱动型的β对顾客行为的影响

Fig. 3-11　The impact of β on customer behavior in ρ=1.2

同时，如图 3-12 所示，不同系统负荷下提醒可靠性对顾客平均等待的影响，随着 β 的增大，顾客条件等待时间 $E(W|S)$ 逐渐增大，特别地，当可靠性 β 大于 50%，条件等待时间增加幅度变大。综合分析三种负荷下 β 对平均等待时间的影响发现：等待提醒可靠性与平均等待时间成正比，并且随着负荷增大，β 对平均等待时间影响作用更大。

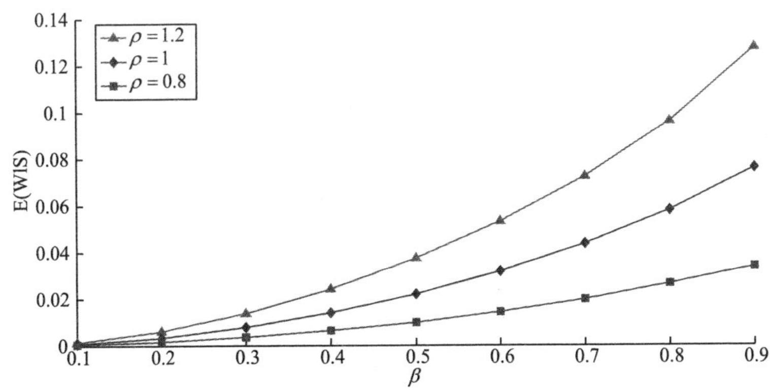

图3-12　不同负荷下β对顾客平均等待的影响

Fig. 3-12　The impact of β on $E(W|S)$ under different loads

取 β=0.9，呼叫中心运营策略为质量与效益均衡型 ρ=1 时，顾客耐心变化系数 φ 从 1.1 到 2 变化，顾客行为的变化。如表 3-4 所示，当顾客耐心系数 φ 逐渐变大，即顾客听到提醒时间后耐心波动变大时，顾客更愿意等待，直接导致中途放弃的概率 P^R 下降，顾客流失损失减少，从而在队列等待的顾客增多，顾客平均等待时间增加；而等待的顾客增加，最终导致听到等待提醒信息的顾客直接退出概率 P^B 增加。综合直接放弃与中途放弃的变化，最终顾客获得服务率 P^S 整体逐渐增大。

表3-4 不同顾客耐心波动φ下的系统性能指标

Table 3-4 system performance under customer patience reaction φ

φ	P^S	P^B	P^R	$E(W\|S)$
1.1	0.8494	0.0868	0.0638	0.0686
1.2	0.8521	0.0893	0.0586	0.076
1.3	0.8546	0.0913	0.0541	0.0832
1.4	0.8568	0.0932	0.05	0.0901
1.5	0.8588	0.0949	0.0463	0.0968
1.6	0.8607	0.0964	0.0429	0.1032
1.7	0.8624	0.0977	0.0399	0.1093
1.8	0.8639	0.0991	0.037	0.1153
1.9	0.8653	0.1003	0.0344	0.1209
2	0.8667	0.1013	0.032	0.1264

3.3.2.2 不同博弈方案对呼叫中心与顾客效用的影响

本节主要考察不同博弈方案对博弈模型中呼叫中心与顾客效用的影响。选取系统负荷 ρ=1，约束条件参数 c_b=1，c_r=3，γ=0.4，φ=1.2。

首先，从呼叫中心角度出发，考察提醒可靠性对呼叫中心效用值的影响。从上节数值分析中，可以得到呼叫中心的 $E(W\mid S)$ 随着 β 和 φ 的增大而越来越大，而 P^S 随着 β 和 φ 的增大而缓慢增加。通过图 3.13 中不同的呼叫中心效用参数组合中可以看出，当收益参数与机会成本参数比值大于一定阈值，提醒可靠性与呼叫中心效用值成正比；否则成反比。

表3-5 不同博弈方案的性能比较

Table 3-5 The comparison of different game plans

方案集	U_{hu}		U_{gu}	
（β，φ）	r_1=3，c_1=1	r_1=1，c_1=3	r_2=3，c_2=1	r_1=1，c_1=3
（0.5，1.2）	2.4538	0.6072	2.9782	0.9346
（0.5，1.3）	2.4593	0.5752	2.9747	0.9241
（0.5，1.4）	2.464	0.541	2.971	0.913
（0.5，1.5）	2.4686	0.5058	2.9672	0.9016
（0.6，1.2）	2.4662	0.5166	2.9684	0.9052

续表

方案集 (β，φ)	U_{hu}		U_{gu}	
	r_1=3，c_1=1	r_1=1，c_1=3	r_2=3，c_2=1	r_1=1，c_1=3
(0.6，1.3)	2.4709	0.4737	2.9638	0.8914
(0.6，1.4)	2.4749	0.4296	2.9591	0.8773
(0.6，1.5)	2.4784	0.3834	2.9542	0.8626
(0.7，1.2)	2.4754	0.4056	2.9566	0.8698
(0.7，1.3)	2.479	0.3517	2.9509	0.8527
(0.7，1.4)	2.4819	0.2966	2.9451	0.8353
(0.7，1.5)	2.4842	0.2413	2.9393	0.8179
(0.8，1.2)	2.4807	0.2672	2.9421	0.8263
(0.8，1.3)	2.4831	0.2042	2.9355	0.8065
(0.8，1.4)	2.4843	0.1408	2.9289	0.7867
(0.8，1.5)	2.4853	0.0783	2.9224	0.7672
(0.9，1.2)	2.4803	0.0921	2.924	0.772
(0.9，1.3)	2.4806	0.0226	2.9168	0.7504
(0.9，1.4)	2.4803	−0.0442	2.9099	0.7297
(0.9，1.5)	2.4796	−0.1092	2.9032	0.7096

其次，同时考虑呼叫中心与顾客共同效用最大化问题，即考虑主从博弈模型的共同决策方案集。从表 3-5 可以看出，在呼叫中心方面，当收益系数与机会成本系数比值大于一定阈值时，呼叫中心应采取高提醒可靠性策略，否则应采取低提醒可靠性策略。在顾客方面，无论系数比值如何，应采取低耐心变化值策略。

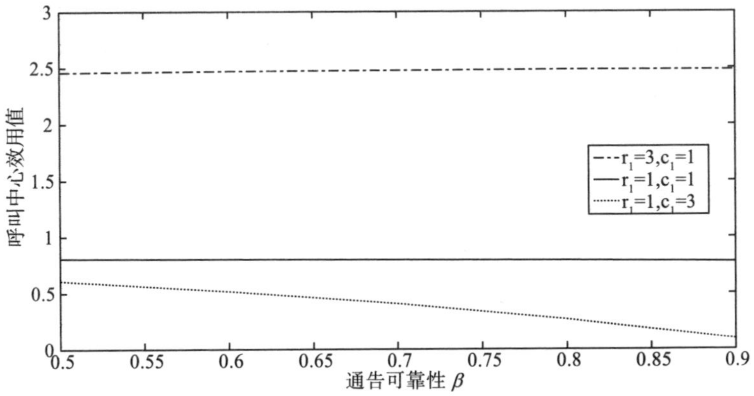

图3-13　不同呼叫中心效用参数下的提醒可靠性作用

Fig. 3-13　The impact of announcement coverage under different call center utility coefficient

3.4 本章小结

本章针对呼叫中心提醒信息可靠性决策问题，建立了考虑顾客放弃行为和顾客耐心回应的呼叫中心效用模型，并且通过混沌搜索算法求解出最优提醒时间可靠性策略。然后，基于提出的考虑顾客耐心变化的M/M/s+M排队模型，从呼叫中心与顾客双方效用最大化角度出发，建立了非合作主从博弈模型。通过数值实验分析，得出如下两大结论：

首先，通过“考虑顾客耐心变化的提醒可靠性决策模型”数值实验结果的分析发现：第一，提醒时间可靠性对确定性顾客的呼叫中心效用值有明显的影响，且运营负荷较大的呼叫中心受提示时间可靠性影响较大。第二，针对不同耐心波动变化的顾客群体，需要改变提醒可靠性策略使得呼叫中心的效用更高，顾客耐心波动大会导致系统的效用值降低，且呼叫中心负荷越大，提醒排队时间可靠性灵敏度越大。

其次，通过“呼叫中心提醒时间与顾客耐心的主从博弈模型”数值实验结果的分析发现：第一，提醒可靠性与顾客得到服务的概率以及平均等待时间呈正相关关系，顾客耐心变化大小与平均等待时间呈正相关关系；第二，在满足顾客行为约束的基础上，当收益系数与机会系数比值较高时，呼叫中心应采取高可靠性提醒信息，否则应采取低可靠性提醒信息，而顾客应采取低耐心变化值。以上规律，将对等待时间提醒模式下呼叫中心的管理和顾客协调起到借鉴作用。

第四章　考虑超指数顾客耐心的提醒等待时间近似方法

4.1 引　言

考虑顾客不耐烦行为的呼叫排队过程近似，是现代呼叫中心排队系统设计的关键问题，同时也是呼叫中心人员配置研究中的一类重要基础[135，136]。Mandelbaum 和 Zeltyn[30] 分析了 M/M/s+G 队列中，顾客耐心分布的影响。进一步地，Iravani 和 Balcioglu[137] 分析了 M/G/s+G 队列中一般分布耐心的近似问题，并且提出了两类近似算法用以估计等待时间分布。在呼叫服务过程中，每个顾客均有可能在等待服务过程中因为不耐烦心理选择放弃行为，这会对呼叫中心的收益及顾客满意度产生负面影响。因此，如何在不同的顾客耐心分布情形下，选择有效的近似方法从而设计合理的人员配置策略是极具现实意义的问题。

在本章中，针对现实呼叫中心的真实数据，拟合出相应的顾客耐心分布，并以此构建了加入等待时间提醒模式的呼叫中心排队模型，通过一类马尔可夫近似方法求解了该排队模型，最后，通过与仿真模型的对比，验证了构建的提醒等待时间系统的实效性以及近似方法的有效性，为呼叫中心管理者对此类呼叫系统的合理管理与决策提供了有价值的参考策略。

4.2 带有超指数顾客耐心时间的呼叫中心数据模型

本节针对现实呼叫中心的实际数据，进行了顾客耐心分布的数据拟合和分析。该研究数据来源机构为国外某银行呼叫服务中心，并且以月份为单位划分拟合数据，数据来源网址 http：//iew3.technion.ac.il/serveng/callcenterdata/。该呼叫中心提供一类快速语言应答单元（Voice Response Unit，VRU），可以为顾客提供欢迎语句以及相关服务的选择向导，同时具有少量的自动语音服务功能。然而，由于该呼叫中心顾客大多选择人工服务，为了简便计算，本节仅近似 VRU 作为选择人工服务向导功能的数据，删除自主服务功能数据。此外，本节考虑的现实呼叫中心的 VRU 系统末端无队列等待时间提醒功能。本章的研究目标是基于现实呼叫中心顾客耐心的前提下，针对该呼叫排队系统，构建并导入等待时间提醒功能。因此，本章需要刻画现实中的顾客耐心，从而利用近似算法估算顾客到达的等待时间，等待时间提醒安排在 VRU 出口处，即进入等待队列前。本节数据拟合采用 Origin 软件实现。

4.2.1 超指数顾客耐心分布拟合

基于该现实呼叫中心的数据，顾客在呼叫系统中所花费的时间主要分为三个阶段，包括 VRU 时间、排队时间以及服务时间三个部分。本节的所有数据拟合和分析部分皆围绕三阶段的数据结构。首先，顾客的耐心时间可以按照放弃与否分为两类，对于放弃的顾客的耐心时间可以根据数据直接精确估算出，然而对于没有放弃而最终获得服务的顾客，统计数据仅仅显示的是顾客的等待时间，且可以预计此时顾客的耐心时间应大于或者等于该等待时间。因此，针对获得服务的顾客，本节需观察顾客最低耐心时间与“虚拟等待时间”的误差精度，在此情形下的耐心数据被看作“右删失数据”，本节参照文

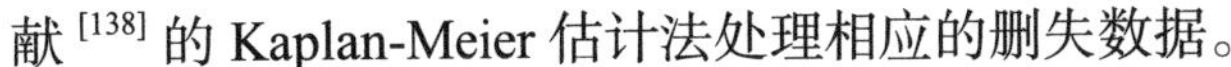

献[138]的 Kaplan-Meier 估计法处理相应的删失数据。

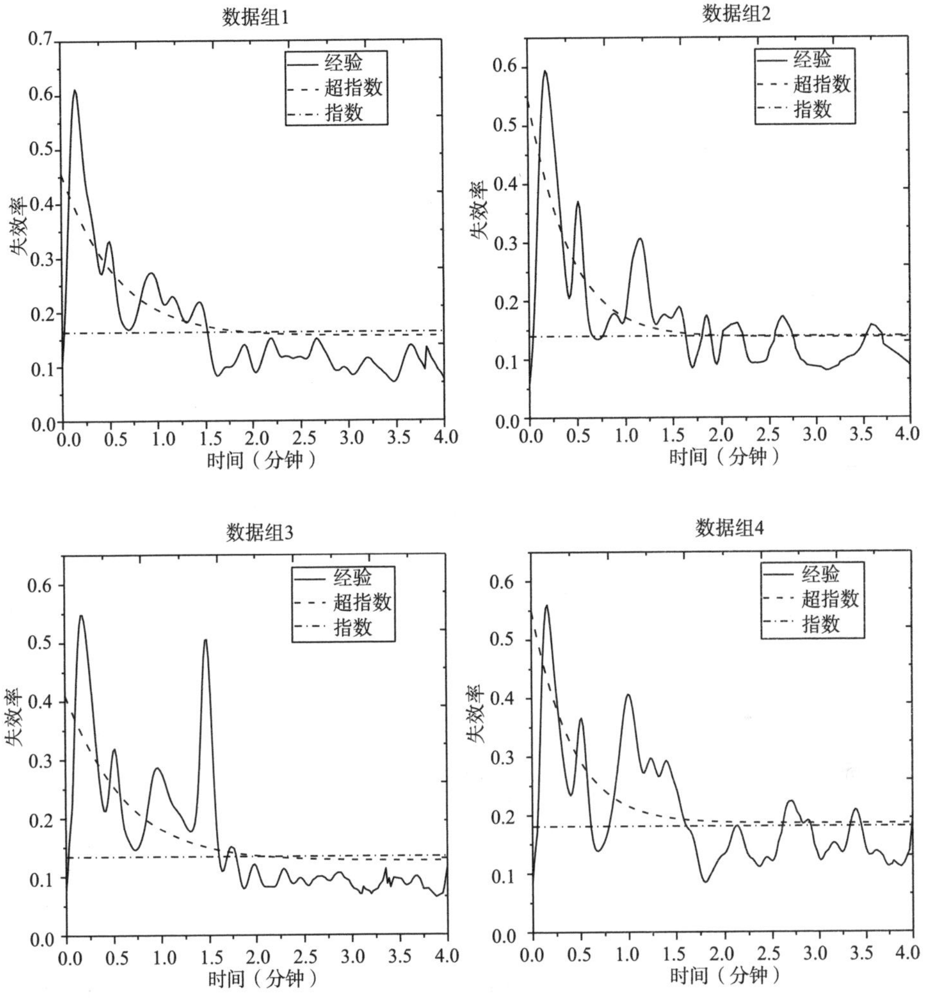

图4-1　顾客耐心失效率

Fig. 4-1　Hazard rates of customers' patience of four different data sets

Kaplan-Meier 估计结果为顾客耐心的经验累计分布函数 $F(t)$。通过对经验分布函数的求导可以获得顾客耐心的概率密度函数 $f(t)$，从而求得顾客放弃时间的失效函数（Time-to-abandon hazard function），

$$h(t)=\frac{f(t)}{\bar{F}(t)},t\geqslant 0 \tag{4.1}$$

其中，$h(t)$ 代表当顾客已经等待了时间长度 t 后，顾客选择放弃的概率，即“失效率（Hazard rate）”。此外，$\bar{F}(t)=1-F(t)$ 代表顾客耐心时间的补充经验分布函数，又称“生存函数”。如图 4.1 所示，列出四组数据的经验失效率，同时，四组图包含了分别利用超指数分布和指数分布拟合数据得出的失效率。从图 4-1 可以看出，在顾客等待时间的前 10 秒钟左右，失效率处于高峰位置，其代表在此排队系统中，极端不耐烦顾客数量比例较高。之后，四组数据的第二个失效率高峰都出现在 1 分钟左右，说明顾客在进入队列之后，会有大量的顾客选择“中途放弃”，该部分顾客亦是本章通过导入提醒等待时间所控制的顾客。总之，经验失效率与超指数分布函数拟合度较高，所以本章最终顾客耐心选用超指数分布模型。

4.2.2 考虑顾客耐心分布的呼叫中心数据模型

本章选取的超指数顾客耐心时间分布参数，以及对比数据指数分布参数都通过最小化均方误差（Mean Square Error，MSE）方法，如表 4.1 所示。该超指数分布由两部分指数分布混合组成，其中一部分为比例 α 的分布率为 γ 指数分布组成，剩余部分为比例 1-α 分布率为 γ'' 指数分布组成，在这种分布下，顾客耐心可以依据 VRU 的影响分为两部分。令 X_1 和 X_2 分别代表两类指数分布的随机变量，因此可得超指数顾客耐心时间分布的累积分布函数 $F_H(t)$ 为：

$$F_H(t)=\alpha F_{X_1}(t)+(1-\alpha)F_{X_2}(t),\ \text{其中}\ t\geqslant 0 \tag{4.2}$$

为了对比超指数分布顾客耐心的行为特点，本节给出另一类指数分布顾客耐心时间模型，该模型通过拓展了 Erlang A 模型，利用了直接退出比例 α_0 和指数分布率为 γ_0 的顾客耐心时间两部分刻画顾客耐心 [48]。第一部分，直接退出 α_0 代表一部分极端不耐烦顾客，由于等待时间不确定性，选择立即放弃的顾客。剩余部分的顾客进入队列中，他们的耐心服从分布率为 γ_0 的指数分布。由于对顾客行为的细致刻画，目前该模型具有大量的应用研究 [2, 81]，该指数顾客耐心时间分布的累积分布函数 $F_B(t)$ 为：

$$F_B(t)=\alpha_0+(1-\alpha_0)\left(1-e^{-\gamma_0 t}\right),\ \text{其中}\ t\geqslant 0 \tag{4.3}$$

图 4-1 中所示的四组图中均对比了以上两类顾客耐心模型的失效函数对比。特别地，表 4-1 给出拟合的两类顾客耐心模型的累积分布函数参数。

表4-1　指数耐心模型参数与超指数耐心模型参数

Table 4-1　The parameters of the exponential model and the hyperexponential model

数据组	直接退出+指数分布耐心		超指数分布耐心		
	α_0	γ_0	α	γ	γ''
1	0.0875	0.1639	0.1532	2.1120	0.1561
2	0.0633	0.1407	0.1537	2.7932	0.1383
3	0.1023	0.1144	0.1591	1.9143	0.1266
4	0.0786	0.181	0.1366	2.8496	0.1861

Roubos 和 Jouini[139] 在多个现实的银行呼叫服务中心验证顾客耐心服从二阶的超指数分布服务特性。因此，本节利用同样统计方法验证两类模型的拟合度。如表 4-2 所示，包含两类统计指标 *MSE* 与 p 值。第一类统计变量 *MSE* 值越小，代表模型拟合的效果越好。第二类统计变量 p 值来自 Kolmogorov-Smirnov 检验法 [140]。p 值检验了模型分布与经验分布之间是否统一。如果 p 值低于 0.05，那么该假设被拒绝。从表 4-2 可以清晰得出，针对四组被拟合数据，超指数顾客耐心模型拟合的效果优于指数分布模型。

表4-2　两类耐心模型对比

Table 4-2　Comparison of two patience distributions

数据组	直接退出+指数分布耐心		超指数分布耐心	
	MSE	p值	*MSE*	p值
1	1.411×10^{-3}	0.0249	3.86×10^{-4}	0.043
2	3.233×10^{-3}	7.91×10^{-5}	4×10^{-4}	0.5375
3	5.613×10^{-3}	4.66×10^{-12}	7.112×10^{-4}	0.0042
4	1.651×10^{-3}	6.4×10^{-3}	53.45×10^{-4}	0.6228

4.3 基于马尔可夫近似方法的等待时间提醒模型

通过 4.2 节对现实呼叫中心的数据拟合与分析，本节构建了带有 M/M/s/r+H_2 排队结构的呼叫中心系统。下面首先依据马尔可夫近似方法，针对现实呼叫中心特点的无提醒等待时间模式，将该呼叫模型近似至 M/M/s/r+M（n）排队模型，从而求解相应系统性能指标；然后，在无等待时间提醒的模型基础上，同样利用马尔可夫近似方法，在考虑顾客耐心回应因素前提下，导入系统等待提醒功能，并且求解该模式下系统的性能指标。

4.3.1 无等待时间提醒的排队近似模型

4.3.1.1 问题假设与参数

本节采用 2005 年由 Whitt 提出的的马尔可夫近似方法 [126]，用以近似超指数顾客耐心时间模型。该方法利用经验耐心分布的失效函数 h，在系统放弃顾客较少的前提下，将顾客放弃率近似为与队列中每个位置和队列自身长度相关的参数。假设队尾的第 j 个顾客的放弃率为 γ_j，基于 Whitt 的近似方法，可以得到与队列位置有关的顾客放弃率为

$$\gamma_j \equiv h(j/\lambda), 1 \leqslant j \leqslant n \tag{4.4}$$

其中，λ 为顾客到达率，n 为所有坐席人员繁忙时，在队列中等待的顾客总数。然后可得，在该状态下系统顾客的总放弃率 δ_n 为

$$\delta_n = \sum_{j=1}^{n} \gamma_j = \sum_{j=1}^{n} h(j/\lambda) \tag{4.5}$$

基于以上两个放弃率的定义，可以将一般分布的顾客耐心转换为 n 个指数分布耐心。因此，本章的 M/M/s/r+H_2 排队模型利用马尔可夫近似方法转换为 M/M/s/r+M（n）模型进行后续处理。本节将无等待时间提醒的超指数顾客

耐心排队模型称为“模型 1”。

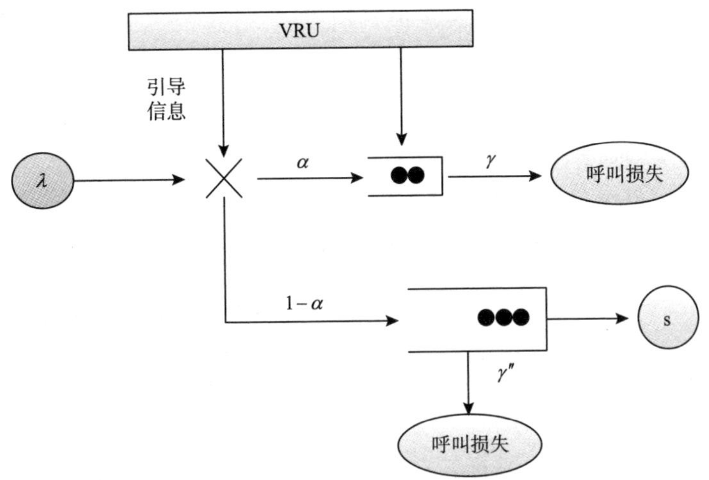

图4-2　无等待时间提醒模型（模型1）

Fig. 4-2　Model without delay announcement（Model 1）

首先，针对数据模型中不含提醒等待时间导向的 M/M/s/r+H_2 排队系统，s 代表坐席人员数，μ 呼叫服务率，排队规则为先到先服务（FCFS）。如 4.2.2 节所述，顾客耐心为两阶指数分布混合组成的超指数分布，其中比例 α 的分布率为 γ 指数分布组成称为“类型 1”，剩余部分为比例 1–α 分布率为 γ'' 指数分布组成称为“类型 2”。该超指数分布在无等待时间提醒模型中体现的顾客行为特征如图 4–2 所示，VRU 提供顾客简短的欢迎信息和引导进入人工服务功能。

为了更好地理解超指数顾客耐心的行为特点，本节按照与“指数分布顾客耐心模型”对比分析的方式，分析 VRU 影响下的顾客行为特点。如表 4–1 所示，针对四组数据，类型 1 的估计参数 γ 远高于类型 2 的估计参数 γ''，类型 1 的顾客类似于“指数分布顾客耐心模型”中直接退出 α_0 部分，此类型 1 顾客在 VRU 中大约获取欢迎“欢迎信息”选择了“迅速的放弃行为”。与“指数分布顾客耐心模型”的直接退出情景不同的是，现实中大多数顾客决策其第一类行为在 VRU 获取导向信息后，得知不能立即获得服务从而选择“迅速放弃”，只有极少部分顾客同“指数分布顾客耐心模型”中的直接退出顾客一样，无任何等待而放弃，因此此部分超指数分布模型更加符合现实数据。

然而，由于无等待时间提醒，所以类型 1 的放弃行为源自比例 α“等待的不确定性”。类型 2 顾客相似于“指数分布顾客耐心模型”中途放弃的分布率为 γ_0 的指数部分，该部分顾客离开 VRU 系统进入系统等待服务的队列部分，并最终选择中途放弃行为。

4.3.1.2　稳态条件下系统性能指标与计算

通过马尔可夫近似方法，可以得到模型 1 的关键性能指标。令 $E(t)$ 代表在 $t(t\geqslant 0)$ 时刻呼叫中心中的顾客人数，在被近似的 M/M/s/r+M（n）模型中，$\{E(t),t\geqslant 0\}$ 是一个生灭过程，生的分布率为 λ。令 P_i 代表稳态概率，其中 i 代表系统瞬时状态中含有 i 个顾客，$i\geqslant 0$。状态 s 为分界点，系统灭的分布率表示如下：

$$\mu_i=\begin{cases} i\mu, & 1\leqslant i\leqslant s, \\ s\mu+\delta_{i-s}, & s+1\leqslant i\leqslant s+r \end{cases} \tag{4.6}$$

通过对生灭模型的分析，可以获得系统的稳态概率 P_i：

$$p_i=\frac{\lambda^i}{i!\mu^i}p_0 \quad for\ 1\leqslant i\leqslant s,$$

$$p_i=\frac{\lambda^i}{s!\mu^s}\left(\prod_{j=1}^{i-s}\frac{1}{s\mu+\delta_j}\right)p_0 \quad for\ s+1\leqslant i\leqslant s+r,$$

$$p_0=\left(\sum_{i=0}^{s}\frac{\lambda^i}{i!\mu^i}+\sum_{i=s+1}^{r}\frac{\lambda^i}{s!\mu^s}\left(\prod_{j=1}^{i-s}\frac{1}{s\mu+\delta_j}\right)\right)^{-1} \tag{4.7}$$

本书利用 PASTA（Poison Arrivals See Time Averages）[127]，可以得到系统稳态状态下，顾客进入系统后没有经过等待直接获得服务的概率 P^I：

$$P^I=\sum_{i=0}^{s-1}p_i \tag{4.8}$$

以下性能指标从系统纯灭的过程分析，假设条件为已有 s+n 顾客到达系统，忽略未来到达，在此框架下，离开时间发生依据马尔可夫近似后，相互独立的指数分布顾客耐心时间。令 $r_{n,j}$ 代表系统有 n 个顾客等待时，发生 j 个放弃事件的概率。在此条件下，$m_{n,j}$ 代表（n−1）和 n 顾客离开事件之间的平均时间，通过近似可得：

$$r_{n,j} \approx \frac{\gamma_j}{s\mu + \left(\delta_n - \delta_{j-1}\right)} \tag{4.9}$$

且

$$m_{n,j} \approx \frac{1}{s\mu + \left(\delta_n - \delta_{j-1}\right)} \tag{4.10}$$

其中，$1 \leqslant j \leqslant n$，$\delta_0 \equiv 0$。值得注意的是，当所有 j 满足 $\gamma_j' = \gamma'$，此时近似的系统则成为精确的 M/M/s/r+M 模型。

条件概率 ψ_n 为，当系统存在 $s+n$ 个顾客时，第 $s+n$ 顾客选择一直等待而没有放弃的概率：

$$\psi_n = \left(1 - r_{n,1}\right)\left(1 - r_{n,2}\right)\ldots\left(1 - r_{n,n}\right) \tag{4.11}$$

因此，可得顾客放弃的概率 P^A，顾客得到服务的概率 P^S：

$$P^A = \sum_{i=0}^{r-1} p_{s+i}\left(1 - \psi_{i+1}\right) \tag{4.12}$$

令 W 代表任意顾客进入系统后等待的时间，该时间包括放弃顾客以及获得服务的顾客等待时间。令 $W \mid S$ 代表最终获得服务的顾客等待时间，则 $E\left(W^k \middle| S\right)$ 代表该条件变量的 k 阶矩。W_{n+1} 为进入队列的顾客发现所有服务人员繁忙，并且有 $n\left(n < r\right)$ 个顾客在等待的条件等待时间。变量 W_{n+1} 是从状态 $s+n+1$ 到达吸收态 s 的等待时间，其中，如图 4-3 中 $s+n+1$ 到 s 过程代表系统流出状态。W_n 的分布是参数为 $s\mu+\delta_1$，$s\mu+\delta_2$，…，$s\mu+\delta_n$ 的 n 个独立同指数分布的卷积，服从亚指数分布，δ_n 为马尔可夫近似得到的顾客放弃率。因此，可得 W_n 的二阶矩：

图4-3　针对第 $s+n+1$ 个顾客的纯灭过程

Fig. 4-3　Pure death process for the customer $s+n+1$

$$E\left(W_n\right)=\sum_{j=1}^{n}\frac{1}{s\mu+\delta_n-\delta_{j-1}}=\sum_{j=1}^{n}m_{n,j}$$

$$E\left(W_n^2\right)=\left(\sum_{j=1}^{n}\frac{1}{\left(s\mu+\delta_n-\delta_{j-1}\right)^2}\right)+\left(\sum_{j=1}^{n}\frac{1}{s\mu+\delta_n-\delta_{j-1}}\right)^2$$

$$=\left(\sum_{j=1}^{n}m_{n,j}^2\right)+\left(\sum_{j=1}^{n}m_{n,j}\right)^2 \tag{4.13}$$

应用 PASTA 特性，可得相应获得服务顾客的条件等待时间 k 阶矩：

$$E\left(W^k\left|S\right.\right)=\frac{\sum_{n=0}^{r-1}\psi_{n+1}p_{s+n}E\left(W_{n+1}^k\right)}{P^S} \tag{4.14}$$

条件方差为：

$$Var\left(W\left|S\right.\right)=E\left(W^2\left|S\right.\right)-\left(E\left(W\left|S\right.\right)\right)^2 \tag{4.15}$$

本节研究的无等待时间提醒的超指数顾客耐心排队模型，顾客的等待时间可以分为两个部分，一部分在 VRU 系统；另一部分在人工服务前的等待队列。因此，放弃的顾客平均等待时间受“类型 1”和“类型 2”两类因素影响。令 A 代表顾客进入呼叫中心后最终放弃的事件，$W\mid A$ 为放弃顾客的条件等待时间。$W_{n+1}1_A$ 为进入队列的顾客发现所有服务人员繁忙，并且有 n 个顾客在等待，该顾客进入系统后最终选择放弃的条件等待时间。因此，通过以上同样的分析方法，可得 W_n1_A 的二阶矩：

$$\begin{aligned}E\left(W_n1_A\right)=&r_{n,1}m_{n,1}+\left(1-r_{n,1}\right)r_{n,2}\left(m_{n,1}+m_{n,2}\right)\\&+\left(1-r_{n,1}\right)\left(1-r_{n,2}\right)r_{n,3}\left(m_{n,1}+m_{n,2}+m_{n,3}\right)\\&+\cdots+\left(1-r_{n,1}\right)\cdot\ldots\cdot\left(1-r_{n,n-1}\right)r_{n,n}\left(m_{n,1}+\cdots+m_{n,n}\right)\end{aligned} \tag{4.16}$$

且

$$\begin{aligned}E\left(W_n^21_A\right)=&r_{n,1}2m_{n,1}^2+\left(1-r_{n,1}\right)r_{n,2}\left(m_{n,1}^2+m_{n,2}^2+\left(m_{n,1}+m_{n,2}\right)^2\right)\\&+\left(1-r_{n,1}\right)\left(1-r_{n,2}\right)r_{n,3}\left(m_{n,1}^2+m_{n,2}^2+m_{n,3}^2+\left(m_{n,1}+m_{n,2}+m_{n,3}\right)^2\right)\end{aligned}$$

$$+\cdots+\left(1-r_{n,1}\right)\cdot\ldots\cdot\left(1-r_{n,n-1}\right)r_{n,n} \tag{4.17}$$
$$+\left(m_{n,1}^2+\cdots+m_{n,n}^2+\left(m_{n,1}+\cdots+m_{n,n}\right)^2\right)$$

该条件等待时间的 k 阶矩为：

$$E\left(W^k\,|A\right)=\frac{\sum_{n=0}^{r-1}(1-\alpha_0)(1-\alpha_1)p_{s+n}E\left(W_{n+1}^k 1_A\right)}{P^R} \tag{4.18}$$

条件方差为：

$$Var\left(W|A\right)=E\left(W^2\,|A\right)-\left(E\left(W|A\right)\right)^2 \tag{4.19}$$

以上为无等待时间提醒模型的马尔可夫近似求解过程，顾客等待时间受VRU系统的影响，可以通过二阶的超指数分布耐心时间合理地解释现实中的意义，并且利用马尔可夫近似方法求解顾客等待时间等相关性能指标，为下节向顾客提醒等待时间的功能导入做铺垫。

4.3.2　带等待时间提醒的排队近似模型

4.3.2.1　问题假设与参数

本节在无等待时间提醒的 M/M/s/r+H_2 排队模型基础上，加入了等待时间提醒的功能。同样地，利用马尔可夫近似方法，将 M/M/s/r+H_2 排队模型转换为 M/M/s/r+M（n）模型进行分析求解工作。通过以顾客耐心时间作为函数变量，构建提醒等待时间，并且求解带有顾客对提醒回应影响下的系统性能指标。

对比 4.3.1.1 节提出的模型 1，本节将带有等待提醒和顾客回应排队模型定义为“模型 2”。在模型 2 中，对于一个新到达的顾客，当系统中顾客数量小于空闲服务台个数，该顾客立即得到服务；否则，当进入队列的顾客发现所有服务人员繁忙，并且有 $n\left(n<r\right)$ 个顾客在等待时，此时顾客会根据提醒信息来决策自身的行为。与模型 1 中的在 VRU 放弃比例 α 不同，由于消除“等待的不确定性”，在提醒时间后顾客放弃的概率为呼叫中心所调节概率。定义 T 为顾客初始耐心时间，该耐心时间分布服从经过马尔可夫近似后的与位置有关的指数分布 M（n），因此，该耐心时间的分布率可以表达为 γ_j。

具体地，当进入队列的顾客发现所有服务人员繁忙，并且有 n 个顾客在等待时，令 d_n 代表提醒给刚到达顾客的等待时间，$p(n)$ 代表顾客接受提醒时间选择放弃率，由于消除了等待的不确定性 $p^V(n)$ 代替了模型 1 中的 α 部分。为了计算简便，假设 $p^V(n)$ 在 VRU 后提醒信息产生的放弃行为依然服从分布率为 γ 的指数分布（γ 由现实数据统计拟合而得），因此可得 $p^V(n)$ 为：

$$p^V(n) = P(t_{n,1} < d_n) = 1 - e^{-\gamma_1 d_n} \tag{4.20}$$

其中 γ_1 为获得提醒信息前，被近似与位置有关的队尾顾客初始放弃率，而 $t_{n,1}$ 为队尾顾客初始耐心阈值。因此，γ_1 代表了在 VRU 出口处接受提醒信息后，顾客自身初始耐心分布，并且决定了顾客的第一类放弃行为。如图 4-4 所示，带等待时间提醒的排队流程。

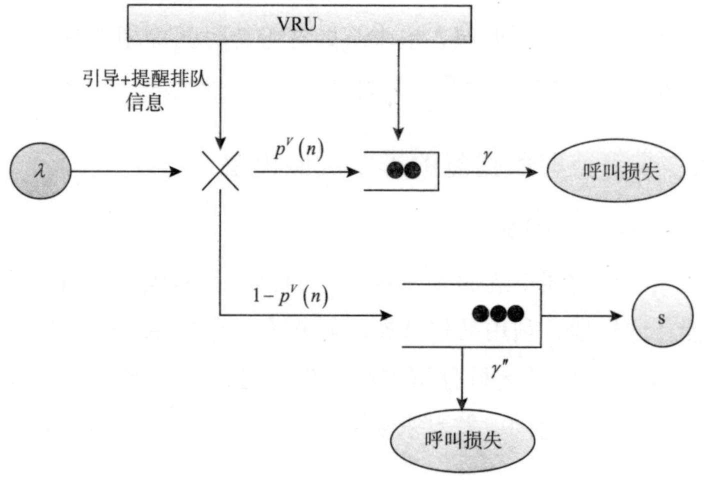

图4-4　带等待时间提醒模型（模型2）

Fig. 4-4　Model with delay announcement（Model 2）

剩余的顾客离开 VRU 后没有选择放弃，选择进入人工服务等待队列中，此时的顾客根据所获得提醒时间信息和自身初始耐心时间权重而得新的耐心时间为：

$$t''_{n,m} = \theta t_{n,m} + (1-\theta) d_n \tag{4.21}$$

其中，θ 为权重系数，$\theta \geqslant 0$，该耐心表达方法依据文献 [81]。其中，n 代表提醒时间时系统已有的顾客人数，m 代表从队尾算起，被马尔可夫方法近

似的第 m 个顾客初始等待时间。令 T' 为顾客听到提醒时间后变化的耐心时间，假设该耐心时间仍然服从二阶超指数分布，且经过马尔可夫近似后服从与位置有关的指数分布 M（n）。因此，通过式 4.21 构建了初始耐心和变化后耐心之间的关联，且关于二阶超指数分布的假设，在 4.4 节中通过仿真进行验证。

基于以上假设，可以获得等待时间提醒后顾客耐心的失效函数 h'。在接受提醒时间后，新的顾客耐心时间同样依据马尔可夫近似方法近似为与位置有关的指数分布率，分布率为 γ_j'，从而当系统有 n 个顾客等待时间时，近似总的顾客放弃率为：

$$\delta_n' = \sum_{j=1}^{n} \gamma_j' = \sum_{j=1}^{n} h'(j/\lambda) \tag{4.22}$$

当人工服务等待队列已有 n 个等待顾客，此时接受提醒等待选择进入等待队列的顾客，可根据新变化的耐心选择相应的行为，该部分顾客所需的“虚拟等待时间”用 D_n 表示。变量 D_n 通过马尔可夫近似为与位置有关的指数分布 M（n），因此可以看成是从状态 $s+n+1$ 到达吸收态 s 的等待时间。如图 4-5 所示的 D_n 纯灭过程，D_n 的分布是参数为 $s\mu$，$s\mu+\delta_1'$，…，$s\mu+\delta_n'$ 的 $n+1$ 个独立同指数分布的卷积，服从亚指数分布。设 g_n（t）是 D_n 的概率密度函数，D_n（t）是 W_n 的累计分布函数：

图4-5　随机变量的纯灭过程D_n

Fig. 4-5　Random variable D_n

$$g_n(t) = \sum_{i=0}^{n}\left(\prod_{j=0, j\neq i}^{n} \frac{s\mu+\delta_j'}{\delta_j'-\delta_i'}\right)(s\mu+\delta_i')e^{-(s\mu+\delta_i')t} \tag{4.23}$$

$$G_n(t) = 1-\sum_{i=0}^{n}\left(\prod_{j=0, j\neq i}^{n} \frac{s\mu+\delta_j'}{\delta_j'-\delta_i'}\right)e^{-(s\mu+\delta_i')t}, t\geqslant 0 \tag{4.24}$$

因此，参照3.2节中提出的提醒可靠性模型，定义可靠性β，从而调节近似的顾客虚拟等待时间为D_n和提醒顾客的等待时间为d_n之间的关系，

$$d_n = G_n^{-1}(\beta) \tag{4.25}$$

$p^V(n)$的值可改写为：

$$p^V(n) = P(t_{n,1} < d_n) = 1 - e^{-\gamma_1 G_n^{-1}(\beta)} \tag{4.26}$$

3.2节提出的提醒可靠性决策模型给出了β对顾客行为的影响，本节为了重点研究超指数分布顾客耐心的行为特征，提醒时间d_n选定为近似的平均等待时间E（D_n），因此会产生确定的可靠性$\beta_{AVG,\,n}$，且随着顾客在队列中的位置而变化，

$$E\left(D_n\right) = \sum_{j=0}^{n} \frac{1}{s\mu + \delta_n' - \delta_j'} \tag{4.27}$$

$$\beta_{AVG,\,n} = P\left(D_n < E\left(D_n\right)\right) = G_n\left(E\left(D_n\right)\right) \tag{4.28}$$

4.3.2.2 提醒更新行为构建

根据以上假设，定义等待队列顾客的中途放弃概率r_n（θ），它表示当人工服务等待队列已有n个等待顾客，此时接受提醒等待选择进入等待队列的顾客，在队列中最终选择中途放弃的条件概率，可以表示为：

$$\begin{aligned} r_n(\theta) &= P(T' < D_n \mid t_{n,1} \geqslant d_n) \\ &= \frac{P(d_n \leqslant T' < (D_n - (1-\theta)d_n)/\theta)}{P(t_{n,1} \geqslant d_n)}, \end{aligned} \tag{4.29}$$

由于在队尾顾客的初始耐心近似为γ_1，因此（4.29）式右侧分母可以表达为$e^{-\gamma_1 d_n}$，分子为

$$\begin{aligned} &P(d_n \leqslant T < (D_n - (1-\theta)d_n)/\theta \mid D_n = t)P(D_n = t) \\ &= \int_{d_n}^{\infty} g_n(t)(e^{-\gamma_n d_n} - e^{-\gamma_n (t-(1-\theta)d_n)/\theta})\mathrm{d}t \\ &= e^{-\gamma_n d_n}(1 - \beta_{AVG,n}) - e^{\gamma_n (1-\theta)d_n/\theta} \int_{d_n}^{\infty} g_n(t) e^{-\gamma_n t/\theta}\mathrm{d}t \\ &= e^{-\gamma_n d_n}(1 - \beta_{AVG,n}) - \sum_{i=0}^{n} \left(\prod_{j=0,\, j\neq i}^{n} \frac{s\mu + \delta_j'}{\delta_j' - \delta_i'} \right)(s\mu + \delta_i')e^{\gamma_n (1-\theta)d_n/\theta} \int_{d_n}^{\infty} e^{-(s\mu + \delta_i' + \gamma_n/\theta)t}\mathrm{d}t \\ &= e^{-\gamma_n d_n}(1 - \beta_{AVG,n}) - \sum_{i=0}^{n} \left(\prod_{j=0,\, j\neq i}^{n} \frac{s\mu + \delta_j'}{\delta_j' - \delta_i'} \right) \frac{(s\mu + \delta_i')}{(s\mu + \delta_i' + \gamma_n/\theta)} e^{-(s\mu + \delta_i' + \gamma_n)d_n} \end{aligned} \tag{4.30}$$

进一步近似可得 r_n（θ）：

$$r_n(\theta)=e^{(\gamma_1-\gamma_n)d_n}\left((1-\beta_{AVG,n})-\sum_{i=0}^{n}\left(\prod_{j=0,j\neq i}^{n}\frac{s\mu+\delta_j'}{\delta_j'-\delta_i'}\right)\frac{(s\mu+\delta_i')}{(s\mu+\delta_i'+\gamma_n/\theta)}e^{-(s\mu+\delta_i')d_n}\right) \tag{4.31}$$

代入近似平均等待时间提醒$\beta_{AVG,n}$ 表达，可得：

$$r_n(\theta)=e^{(\gamma_1-\gamma_n)E(D_n)}\left((1-\beta_{AVG,n})-\sum_{i=0}^{n}\left(\prod_{j=0,j\neq i}^{n}\frac{s\mu+\delta_j'}{\delta_j'-\delta_i'}\right)\frac{(s\mu+\delta_i)}{(s\mu+\delta_i'+\gamma_n/\theta)}e^{-(s\mu+\delta_i')E(D_n)}\right) \tag{4.32}$$

下面利用以上两种不同方法的顾客放弃行为表达，计算更新的顾客放弃率γ_n'。令 λ^R 代表顾客到达放弃率，应用 PASTA 特性可得：

$$\lambda^R=\sum_{n=0}^{r-1}\lambda\left(1-p^V(n)\right)p_{s+n}r_n(\theta) \tag{4.33}$$

另一方面，γ_n'作为提醒更新的顾客失效函数 h' 近似所得，与顾客总放弃率 δ_n' 具有直接关联，由于近似的指数分布特性可得：

$$\lambda^R=\sum_{n=0}^{r-1}\delta_n'p_{s+n} \tag{4.34}$$

联立式（4.33）与式（4.34）可得：

$$\sum_{n=0}^{r-1}\lambda\left(1-p^V(n)\right)p_{s+n}r_n(\theta)=\sum_{n=0}^{r-1}\delta_n'p_{s+n} \tag{4.35}$$

式（4.35）给出了放弃率与队列中平均等待的关系，相应地，该式中的数值$p^V(n)$，p_{s+n}，$r_n(\theta)$ 和δ_n' 都是失效函数 h' 通过近似的变量γ_n' 表达，h' 的定义为 $h'=f'/(1-F')$，f' 其中表示为近似后的二阶超指数分布的概率密度函数，包含概率为 P^V 的分布率为γ 的指数分布，以及概率为 1-P^V 的分布率为 γ' 的指数分布。其中，P^V 又可以表达为：

$$P^V=\sum_{i=0}^{r-1}p^V(n)p_{s+n} \tag{4.36}$$

综上，式（4.35）中仅含唯一的未知变量 γ'，可以利用连续函数 Z 将其表达为$\gamma' = Z(\gamma')$。本书利用一类固定点算法[129]求解该等式，获取位置变量γ'，进而获得带等待提醒排队系统的性能指标。

具体地，参照4.3.1.1中无等待时间提醒模型的系统性能，通过利用提醒更新耐心分布率γ_j'替代无提醒耐心分布率γ_j，本节直接获取等待时间提醒模型的系统性能，例如，可得顾客放弃的概率P^A，顾客得到服务的概率P^S：

$$P^A = \sum_{n=0}^{r-1}\left(1 - p^V(n)\right)p_{s+n}r_\theta(n) \quad P^S = 1 - P^A \tag{4.37}$$

4.4　提醒等待时间近似模型的仿真验证

4.4.1　基于仿真方法的提醒等待时间模型

上一节给出马尔可夫的近似方法，构造了二阶超指数顾客耐心下的等待时间提醒模型，基于该排队流程设计，本节针对该等待提醒模式下的单技能呼叫中心，利用通用编程语言C++，构建了离散事件调度法建立仿真模型，为进一步与马尔可夫近似方法做数值验证做准备。

4.4.1.1　仿真模型基本假设

仿真方法相较于定量解析的方法，对于现实的排队系统有着更接近现实的描述，尤其更能还原复杂系统的特征。然而，由于仿真模型也无法完全反映现实的所有特征，所以在仿真建模时都会对排队系统做出相应假设。本章研究的等待时间提醒模式下的呼叫中心仿真模型假设如下：

（1）假设顾客的到达服从泊松分布且到达率为λ，服务时间服从指数分布且服务率为μ，排队规则为先到先服务（FCFS）。

（2）假设坐席人员之间无差别，s个坐席人员。通常坐席人员接听一个电话之后，还需要进行电话后续事务的处理，该部分处理时间算入服务时间。

（3）假设排队空间为r，当系统队列人数超过r则不再接入呼叫。

（4）假设已经到达坐席人员的电话都是一次性处理的，不考虑转接情形。

（5）假设顾客在等待时间提醒存在于 VRU 系统的末端，顾客会经历在 VRU 的系统时间，从而根据具提醒时间选择第一个放弃行为。

本小节研究目的为对比马尔可夫近似方法产生的相应结果数据，因此本节的系统性能指标主要参考 4.3.1 中定义的性能指标，包括顾客放弃概率、顾客获得服务的概率以及接受服务的顾客的平均等待时间等。

4.4.1.2　仿真模型的构建

本节仿真模型采用的是离散事件仿真技术[141]，该技术通常应用于状态随时间的推进不断变化的系统，同时事件是触发系统状态改变的唯一原因。离散事件仿真的常见组成包括：系统状态、模拟时钟、事件列表、统计变量、事件处理程序、时间推进机制。仿真模型采用的时间推进机制为下次事件推进法。具体仿真模型要素包括：

（1）仿真模型的事件表类型包括：顾客到达、顾客 VRU 内放弃、顾客等待队列中途放弃、顾客接受服务离开、仿真结束。

（2）仿真模型队列：主要包含两个队列，分别是顾客等待队列和坐席人员队列。其中，VRU 队列和等待队列合并看作一条队列。呼叫系统的队列元素由顾客结构体和坐席人员结构体组成。其中，顾客结构体的属性主要包括顾客到达时间、顾客初始耐心时间、顾客接受服务时间、顾客的等待时间、提醒更新的顾客最大耐心时间。坐席人员结构体的属性主要包括：坐席人员的状态、坐席人员的服务时间以及坐席人员结束服务的时间。

（3）仿真模型的主程序主要包括四部分，分别是初始化子程序、调度事件控制子程序、执行事件子程序以及输出报告子程序，如图 4-6 所示。初始化子程序主要用于实现坐席人员队列初始化、记录仿真时钟以及事件表的发生时间；调度事件控制子程序主要用于将事件表按发生顺序由小到大排序；输出报告子程序主要用于输出系统性能指标，如 VRU 顾客放弃率、等待队列顾客中途放弃率等。

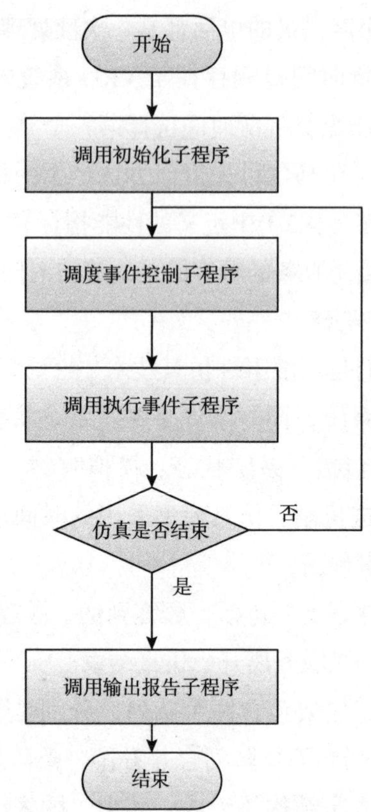

图4-6 等待时间提醒模式下的呼叫中心仿真主流程图

Fig.4-6 The main flow chart of call center simulation with delay announcement

其中，具体的执行事件子程序还包括预热子程序、顾客到达事件子程序、等待队列中途放弃子程序、顾客离开子程序以及仿真结束子程序。具体地，

①预热子程序用于实现呼叫系统统计器内的系统性能指标全部清空的功能。

②到达过程子过程如图 4-7 所示，具体过程如下：首先记录一下此刻呼叫人数，然后生成未来下一个到达事件的时间并放入事件表中，然后记录 VRU 导入信息产生的时间，在获得新到达顾客的提醒时间，根据提醒时间决定该顾客是否留下，如果该顾客留在队列中，仍需要检查是否有空闲的坐席人员，如果有空闲坐席，则改变该空闲坐席人员的状态；如果没有空闲坐席，需要将该顾客添加到等待队列中。

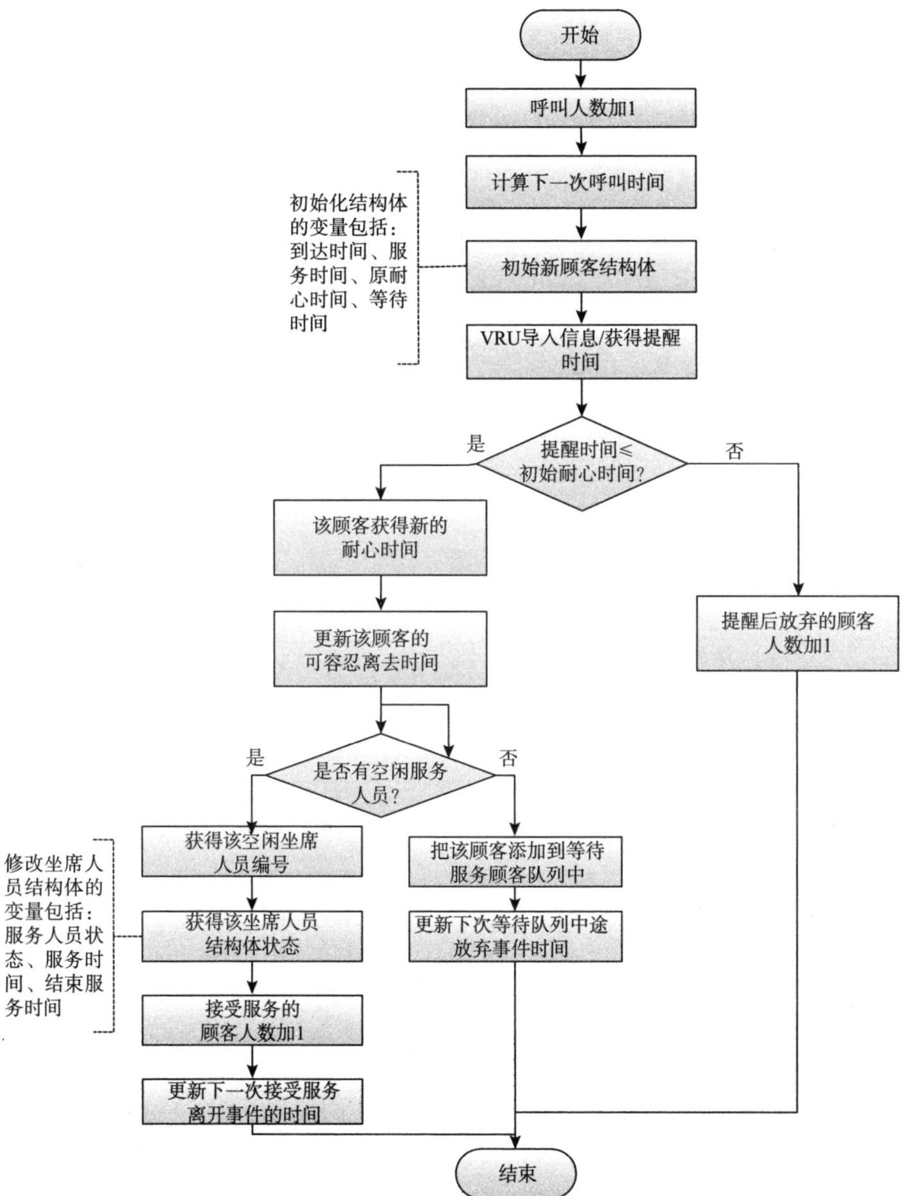

图4-7　等待时间提醒模式下仿真模型的顾客到达子程序流程图

Fig. 4-7　The subprogram flow chart of customer arrival for simulation with delay announcement

③顾客离开子程序的流程图如图 4-8 所示。具体过程如下：当一个顾客完成接受服务时，该子程序将被调用。如果顾客离开系统后，等待队列中没

有其他顾客，则只需更新坐席人员队列中最小结束服务时间的坐席人员的结束服务时间为极大数并更改该坐席人员的状态为空闲状态。如果等待队列不为空，则需从顾客队列中删除到达时间最小的顾客，也要更改坐席人员队列中最小结束服务时间的坐席人员的结束服务时间，并在此判断等待队列是否为空，以此更改下一次等待队列中途放弃事件的发生时间。

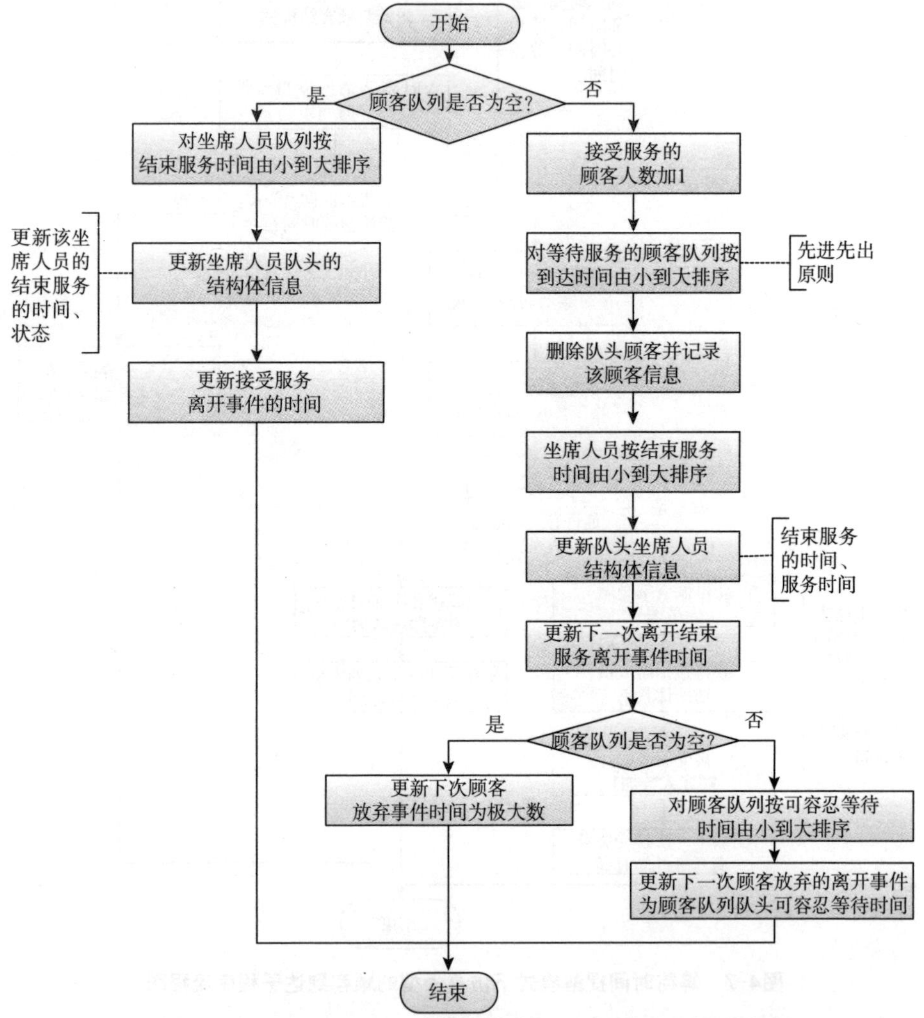

图4-8　等待时间提醒模式下仿真模型的顾客离开子程序流程图

Fig.4-8　The subprogram flow chart of customer depart for simulation with delay announcement

④等待中途放弃子程序如图 4-9 所示。首先记录等待队列中途放弃人数，

然后根据等待队列是否为空，更新下次队列中途放弃事件发生时间。

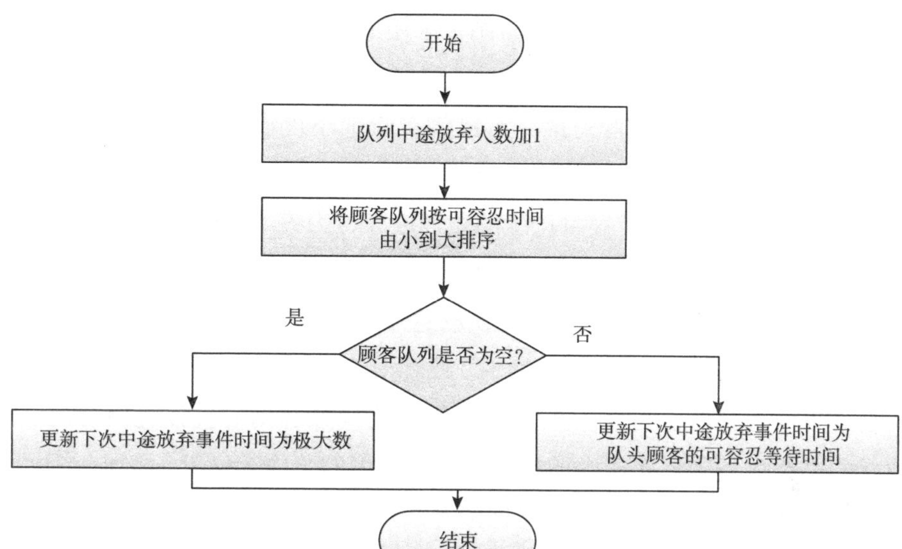

图4-9　等待时间提醒模式下的呼叫中心仿真模型的等待队列中途放弃子程序流程图

Fig.4-9　The subprogram flow chart of abandonment in queue for call center simulation with delay announcement

综上，本节建立了等待时间提醒模式下的呼叫中心仿真模型，其中顾客到达，坐席人员服务，顾客耐心时间等分布参数，根据 4.2 节所得真实呼叫中心数据拟合而设定。

4.4.2　实证分析

本节将通过与仿真实验的对比，验证模型 2 所提出的新耐心时间假设以及近似方法的质量。其中，基于 4.4.1 节提出的等待时间提醒的仿真框架中，需预知提醒时间变量 d_n，它是由马尔可夫近似方法近似变量 γ_n' 而得，本节的仿真验证实验直接采用近似后的数值，因此，数值实验中的仿真模型又称“近似仿真模型”。

数值实验采取两个部分对比，分别为仿真模型实验与马尔可夫近似方法数值实验。仿真模型使用通用编程语言 C++ 语言，在 Microsoft Visual Studio 2012 开发环境下运行；马尔可夫近似模型采用 Matlab 编程实现，两模型数值实验在 CPU 为 Intel Core 2（2.67 GHz），内存为 2GB 的计算机上运行。本仿真模型为稳态仿真，采用重复删除法，设置运行时长为 30000 分钟，预热时间 120 分钟，每次仿真结果采用 5 次重复仿真所取均值，仿真结果的置信区间基于 95% 的置信水平。模型中的顾客耐心参数来源于 4.2 中拟合的 4 组现实数据，首先第一组数值实验选小规模呼叫系统，实验参数为 $s=\lambda=10$，$\mu=1$ 和 $r=50$，$\theta=1/3$，确保质量与效率均衡型呼叫中心。从表 4-3 可以看出，根据两类模型产生的顾客放弃行为 P^V 和 P^A 误差相差小。当 $\theta=1/3$ 时，系统通过牺牲 P^V 从而降低系统的总的顾客放弃行为 P^A，即通过提醒时间作用来增加更短时的放弃换取总体的队列中途放弃时间的减少。此外，通过仿真方法产生的“类型 1”顾客放弃 P^V 整体高于马尔可夫方法。从表 4-4 可以看出，当 $\theta=0$ 时，此时情景为向顾客耐心直接置换为提醒时间 d_n，更新耐心低于 $\theta=1/3$ 的场景，导致顾客的总放弃率 P^A 增加。综上两类耐心更新参数场景，马尔可夫近似方法产生的顾客放弃 P^V 低于仿真方法产生，且整体误差值较小。

表4-3　马尔可夫模型与仿真模型的对比（$\theta=1/3$）

Table 4-3　A comparison of simulation and Markovian approximation（$\theta=1/3$）

数据组	γ'	P^V		P^A	
		马尔可夫近似模型	仿真模型	马尔可夫近似模型	仿真模型
1	0.09	0.13	0.135	0.14	0.144
2	0.077	0.131	0.133	0.136	0.139
3	0.064	0.139	0.145	0.144	0.149
4	0.1	0.127	0.13	0.136	0.138

表4-4　马尔可夫模型与仿真模型的对比（$\theta=0$）

Table 4-4　A comparison of simulation and Markovian approximation（$\theta=0$）

数据组	γ'	P^V		P^A	
		马尔可夫近似模型	仿真模型	马尔可夫近似模型	仿真模型
1	3.8	0.06	0.061	0.171	0.173
2	3.731	0.051	0.053	0.169	0.172
3	3.811	0.064	0.069	0.172	0.175
4	3.787	0.04	0.049	0.171	0.171

第二组实验选取相对大的呼叫系统 $\lambda \in [10,50]$，实验参数为 μ=1，r =50，θ =1/3，且 s 和 λ 同步增加，以确保质量和效率均衡导向型呼叫中心。如图4-10 所示，四个数据组的顾客放弃率 P^A 比较，同第一组实验结论相同，马尔可夫近似方法和仿真方法产生的比较结果相差值较小，且仿真方法产生的顾客放弃率整体高于近似方法，特别当系统规模大于 30 时，两种方法生成的顾客放弃率 P^A 趋于接近，说明系统规模增大降低了近似方法的误差。

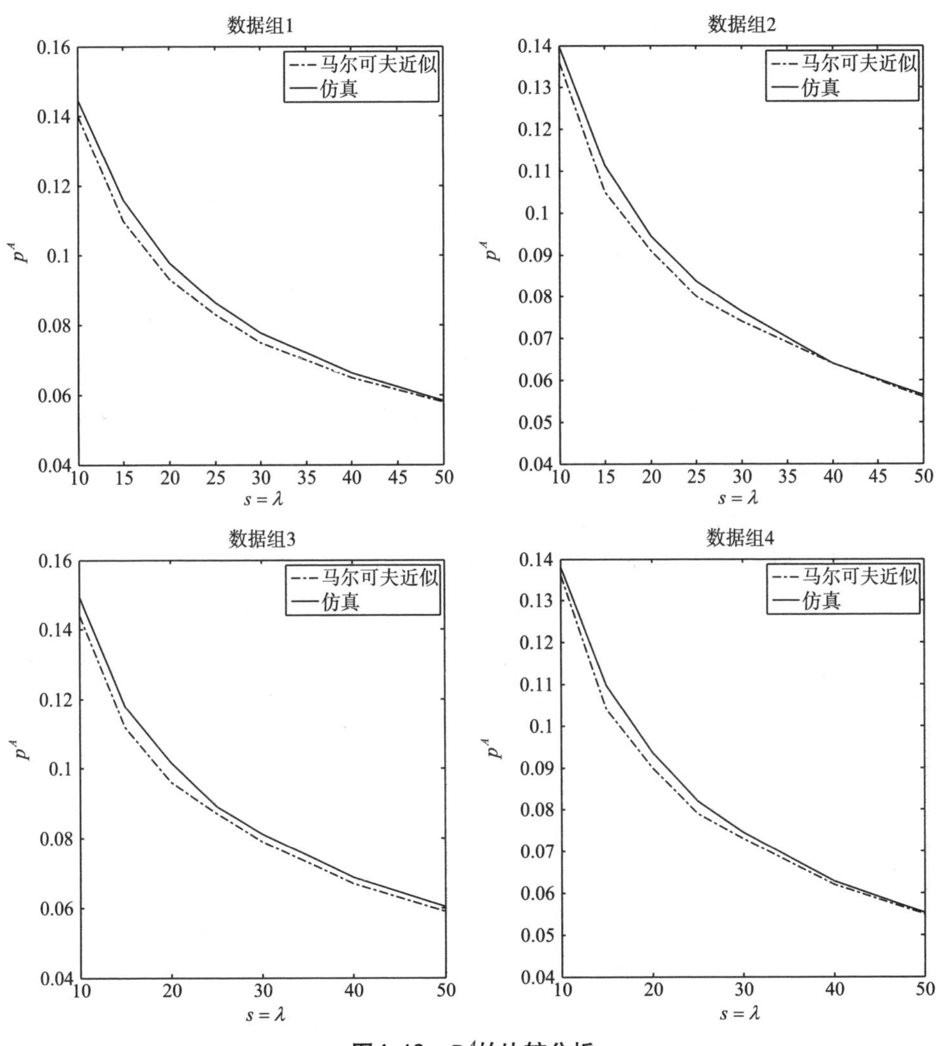

图4-10　P^A的比较分析

Fig. 4-10　Comparison of the models on P^A

4.5 本章小结

本章以国外某银行呼叫服务中心等待服务过程为实际背景，研究了顾客接受等待服务过程中的耐心分布与变化问题。根据现实问题数据建立了超指数顾客耐心的排队模型，在此基础上，利用马尔可夫方法对顾客等待时间的近似与系统基本性能指标的求解。然后，在考虑顾客耐心回应的基础上，基于马尔可夫近似方法，向该 M/M/s/r+H_2 系统导入了等待时间提醒功能。通过对现实呼叫数据的观察与数值实验分析，得出如下两个结论：

首先，由于简易 VRU 系统存在，导致现实呼叫中心的顾客耐心分布服从超指数分布，该刻画替代了直接退出与指数分布中途放弃相结合的传统模型，更具现实意义。并且通过对实际数据的经验失效函数比较，超指数分布拟合更符合现实问题假设。

其次，综合两组比较实验结果，通过与仿真方法的比较分析，都获取较低的性能指标误差，验证了等待时间提醒模型构建的实效性以及马尔可夫近似方法的有效性。特别是当系统规模较大时，系统近似效果较好，说明该模型可适用于较大的呼叫中心排队系统。

第五章　等待时间提醒模式下的呼叫中心人员配置模型

5.1 引　言

现实中，一个满意的顾客具有更强的倾向再次选择同一家企业接受服务，呼叫中心作为企业的服务工具同样如此。在顾客关系管理领域中，Anderson 和 Sullivan[142] 研究了顾客满意度可以作为企业未来收益的预测指标。呼叫中心是一类无须面对面的服务系统，顾客的等待满意度亦是管理者最为关注的指标，并且直接影响呼叫中心的收益。目前，很多学者在充分考虑顾客等待时间约束基础上[21，110]，从呼叫中心效益最大化角度出发，进行合理的坐席人员配置。

通过第三章与第四章对于呼叫中心提醒等待时间近似问题的相关介绍与求解，可以获知在充分考虑顾客不耐烦和提醒回应的因素下，如何决策呼叫中心的提醒可靠性策略问题。等待时间提醒作为有效的呼叫中心需求管理模式已有广泛的应用，但是目前没有针对带排队信息提醒系统模式下的人员配置的相关研究，以及没有针对顾客耐心和提醒时间指标作为约束指标的细致研究。本章作为关键研究问题三，在前两章的提醒时间系统模式基础上，重点细化顾客等待满意度以及耐心随机变化问题，针对一类带有排队等待时间提醒的呼叫排队模型，利用排队理论方法，提出了顾客等待耐心值随机变化下的最小人力资源的优化配置方法。然后，在该考虑等待时间提醒的人员配置模型基础上，从顾客在等待过程中的心理变化角度出发，构建了多服务指标约束条件下，以呼叫中心期望效益最大化为目标的提醒可靠性与人力资源配置共同决策模型。研究结果对于呼叫中心人力资源管理具有重要指导作用。

5.2 考虑顾客耐心随机变化的人员配置模型

顾客不耐烦心理对行为的影响对于呼叫中心人力资源配置具有重要作用。本节针对一类带有排队等待时间提醒的 M/M/s+M 排队模型，提出了顾客等待耐心值随机变化下的最小人力资源的优化配置方法。首先，基于排队论给出了带有顾客等待时间提醒的排队模型，包括顾客心理变化表达式和顾客放弃行为（直接退出和中途放弃）的概率函数；其次，通过对排队过程分析得到稳态系统下的性能指标计算公式。在此基础上，建立了最少人力资源配置的优化模型，并给出了基于二分法和固定点法的求解方法；最后，通过数值实验分析了时间提醒可靠性、顾客行为惩罚系数和顾客耐心变化对人力资源配置的影响规律。

5.2.1 等待提醒模式下的基本排队模型

本书研究了一个带排队等待信息提醒的单技能多服务台呼叫中心，模型记为M/M/s+M。假设呼叫中心有 s 个服务台（本节决策的变量），顾客打电话到达率服从参数为 λ 的泊松分布，坐席人员服务时间服从参数为 μ 的指数分布，n 为等待服务队列中的顾客数（$n \geqslant 0$）。顾客打电话时的初始耐心值为 T，即最大愿意等待的时间，服从参数为 θ 的指数分布。在等待时间提醒模式下，本节所近似的顾客虚拟等待时间为 W_n 和提醒给顾客的等待时间为 w_n。参照 3.2 节提出的提醒可靠性决策模型，令 β 代表可靠性概率，即本节近似出的顾客虚拟排队等待时间 W_n 不超过提醒排队等待时间 w_n 的概率，如式（5.1）所示。

$$\beta = P\left(W_n < w_n\right) \tag{5.1}$$

对于一个新到达的顾客，当系统队列中顾客数量小于 s，该顾客立即得到服务；否则，如果所有坐席人员都在忙，部分客户选择直接退出，概率为 α；剩余顾客在等待排队时间提醒（等待提醒产生时间忽略不计），当提醒的排队时间大于顾客耐心值，则选择“等待提醒直接退出”，概率为 $p^b(n)$，如式（5.2）所示：

$$p^b(n) = P(T < w_n) = 1 - e^{-\theta w_n} \tag{5.2}$$

接受提醒时间的剩余顾客选择进入系统队列等待，以上概念组成 3.2 节中等待提醒产生的“直接放弃”的顾客行为变化。此外，顾客进入队列后，依据所研究的等待时间提醒模式特点，通过顾客新耐心值 T' 和队列中途放弃条件概率 $r_n(\varphi)$ 的近似处理，本节得到新的提醒等待时间近似模型，具体变量处理如下：

（1）顾客新耐心值 T'。一般来说，顾客获得排队信息之后，原有耐心值 T 将发生变化，产生新的耐心值 [81]，即最大愿意等待时间由 T 变为 T'，假设 T' 近似服从参数为 θ' 的指数分布，θ' 为“进入排队顾客”中途放弃率。具体地，队列位置中的顾客耐心变化表达如式（5.3）所示：

$$t_k' = \varphi t_k + (1-\varphi) w_n \tag{5.3}$$

其中，t_k 代表初始的顾客耐心时间阈值，t_k' 代表更新的顾客耐心时间阈值，φ 为听到排队信息提醒后的顾客耐心变化系数。从式（5.3）可以看出，当 φ=1 时表示顾客忽略了提醒的排队等待信息，等待耐心不发生变化；而当 φ=0 时表示顾客耐心调整为最新的排队提醒时间。本章忽略顾客耐心值 T 小于提醒排队时间 w_n 的情况，所以不存在 $\varphi < 0$。文献 [81] 假设所有顾客具有常数的耐心变化系数，而实际上顾客耐心变化系数应该是随机变化的，本章假设 φ 是随机变量，服从均匀分布 $U(a,b)$。

顾客虚拟等待时间 W_n 作为新更新顾客耐心 θ' 影响下的变量，是指新进入排队系统的顾客在获得服务之前的等待时间，对这个新到达且具有无穷大耐心的顾客来说，直到前面的顾客离开队列他才能得到服务，等待时间 W_n 是纯灭的随机过程。变量 W_n 是从状态 $s+n+1$ 到达吸收态 s 的等待时间，因此，W_n 的分布是参数为 $s\mu$，$s\mu+2\theta'$，…，$s\mu+n\theta'$ 的 $n+1$ 个独立同指数分布的卷积，服从“亚指数分布”。设 $g_n(t)$ 是 W_n 的概率密度函数，$G_n(t)$ 是 W_n 的累计分布函数，$E(W_n)$ 是 W_n 的期望值：

$$g_n(t)=\sum_{i=0}^{n}\left(\prod_{j=0,j\neq i}^{n}\frac{s\mu+j\theta'}{(j-i)\theta'}\right)(s\mu+i\theta')e^{-(s\mu+i\theta')t},$$

$$G_n(t)=1-\sum_{i=0}^{n}\left(\prod_{j=0,j\neq i}^{n}\frac{s\mu+j\theta'}{(j-i)\theta'}\right)e^{-(s\mu+i\theta')t},t\geqslant 0 \tag{5.4}$$

$$E(W_n)=\sum_{i=0}^{n}\frac{1}{s\mu+i\theta'} \tag{5.5}$$

由式（5.1）和（5.4）可以得到提醒等待时间 w_n，如式（5.6）

$$w_n=G_n^{-1}(\beta) \tag{5.6}$$

（2）队列中途放弃条件概率 $r_n(\varphi)$。中途放弃条件概率 $r_n(\varphi)$：代表第 $n+1$ 个顾客在听到排队提醒信息之后，在队列中选择中途放弃的条件概率，可以表示为：

$$r_n(\varphi)=P\left(T'<W_n\middle|T>w_n\right) \tag{5.7}$$

由（5.1）和（5.7）展开得到（5.8）如下：

$$\begin{aligned}r_n(\varphi)&=P\left(\varphi T+(1-\varphi)w_n<W_n\middle|T>w_n\right)\\&=\frac{P\left(w_n\leqslant T<\dfrac{W_n-(1-\varphi)w_n}{\varphi}\right)}{P(T\geqslant w_n)}\\&=\frac{P\left(w_n\leqslant T<\dfrac{W_n-(1-\varphi)w_n}{\varphi}\middle|W_n=t\right)P(W_n=t)}{P(T\geqslant w_n)}\\&=1-\beta-e^{\theta(w_n/\varphi)}\int_{w_n}^{\infty}g_n(t)e^{-\theta t/\varphi}\mathrm{d}t\end{aligned} \tag{5.8}$$

进一步计算，得到（5.9）如下：

$$r_n(\varphi)=1-\beta-\sum_{i=0}^{n}\left(\prod_{j=0,j\neq i}^{n}\frac{s\mu+j\theta'}{(j-i)\theta'}\right)\frac{s\mu+i\theta'}{s\mu+\frac{\theta}{\varphi}+i\theta'}e^{-(s\mu+i\theta')w_n} \tag{5.9}$$

当 φ 服从均匀分布 $U(a,b)$ 时，得到公式（5.10）如下：

$$\begin{aligned}r_n(\varphi)&=\frac{1}{b-a}\int_a^b(1-\beta-\sum_{i=0}^{n}\left(\prod_{j=0,j\neq i}^{n}\frac{s\mu+j\theta'}{(j-i)\theta'}\right)\frac{s\mu+i\theta'}{s\mu+\frac{\theta}{\varphi}+i\theta'}e^{-(s\mu+i\theta')w_n})\mathrm{d}\varphi\\&=1-\beta-\sum_{i=0}^{n}\left(\prod_{j=0,j\neq i}^{n}\frac{s\mu+j\theta'}{(j-i)\theta'}\right)\frac{s\mu+i\theta'}{s\mu+\frac{\theta}{\varphi}+i\theta'}e^{-(s\mu+i\theta')w_n}\\&\quad\cdot\left(1-\frac{\theta}{(b-a)\cdot(s\mu+i\theta')}\cdot\ln\left(((b-a)\cdot(s\mu+i\theta')+\theta)\Big/\theta\right)\right)\end{aligned} \tag{5.10}$$

5.2.2　稳态条件下系统性能指标计算

通过以上的模型构造，可得该提醒排队模型的顾客放弃的中间变量。令 $L(t)$ 代表在 t（$t\geqslant0$）时刻的呼叫中心中的顾客人数，在被近似的提醒等待 M/M/s +M 排队模型中，$\{L(t),t\geqslant0\}$ 是一个生灭过程。令 $p(i)$ 代表系统中存在 i 个顾客的稳态概率，其中 i 代表系统瞬时状态中含有 i 个顾客，$i\geqslant0$。状态 s 为分界点，当系统人数不大于 s 时，生的分布率为 λ，灭的分布率为 $i\mu$；当系统人数大于 s 时，生的分布率为 $\lambda(1-\alpha)(1-p^b(i-1))$，灭的分布率为 $s\mu+(i-s)\theta'$。通过对生灭模型的分析，可以获得系统的稳态概率 $p(i)$：

$$p(i)=\begin{cases}\dfrac{\lambda^i}{i!\mu^i}p(0), & 1\leqslant i\leqslant s\\[2ex]\dfrac{\lambda^i(1-\alpha)^{i-s}}{s!\mu^s}\left(\prod_{j=1}^{i-s}\dfrac{1-p^b(j-1)}{s\mu+j\theta'}\right)p(0), & i>s\end{cases} \tag{5.11}$$

其中

$$p(0)=\left(\sum_{i=0}^{s}\frac{\lambda^i}{i!\mu^i}+\sum_{i=s+1}^{\infty}\frac{\lambda^i(1-\alpha)^{i-s}}{s!\mu^s}\left(\prod_{j=1}^{i-s}\frac{1-p^b(j-1)}{s\mu+j\theta'}\right)\right)^{-1}$$

同样地，本书利用 PASTA（Poison Arrivals See Time Averages）[127]，可以得到系统稳态状态下的等待服务的平均顾客数 L，顾客直接退出的概率 P^B，顾客中途放弃的概率 P^R，顾客得到服务的概率 P^S，顾客放弃率 λ^R，如式（5.12）至式（5.16）所示：

$$L=\sum_{i}^{\infty} ip(i+s) \tag{5.12}$$

$$p^B=\sum_{n=0}^{\infty}(\alpha+(1-\alpha)p_n^b)p(n+s) \tag{5.13}$$

$$p^R=\frac{\theta' L}{\lambda} \tag{5.14}$$

$$p^S=1-p^R-p^B \tag{5.15}$$

$$\lambda^R=\sum_{n=0}^{\infty}\lambda\alpha' p(s+n)r_n(\varphi) \tag{5.16}$$

此外，W 为任意顾客的等待时间，一个顾客在系统的逗留时间分为两部分，一部分为中途退出时的等待时间；另一部分为获得服务前的等待时间。令 $W|S$ 代表任意顾客得到服务的条件等待时间。本书利用文献[128]给出的计算“非标准马尔可夫过程队列”的性能指标方法，给出了平均等待时间 $E(W|S)$ 的计算公式。ψ_{n+1} 代表对于新到的第 n+1 顾客，一直等到服务而没有离开的概率，可以得到：

$$\psi_{n+1}=\prod_{i=1}^{n+1}\left(1-\frac{\theta'}{s\mu+i\theta'}\right) \tag{5.17}$$

同时，可以得到：

$$E\left(W|S\right)=\frac{\sum_{n=0}^{\infty}(1-\alpha_0)\left(1-p^b(n)\right)\psi_{n+1}p(s+n)\left(E(W_{n+1})-(1/s\mu)\right)}{p^S} \tag{5.18}$$

5.2.3 人力资源配置模型与求解

本节的目标是在考虑顾客行为的限制条件下，求最少需要的人力资源数量。本节的模型可以通过公式（5.19）表达：

$$\begin{cases} \min \quad s \\ s.t.\, c_b p^B + c_r p^R \leqslant \gamma \end{cases} \tag{5.19}$$

其中，p^B 表示直接退出概率如式（5.13）所示，p^R 表示中途放弃概率如式（5.14）所示。约束条件是 p^B 和 p^R 权重概率之和小于约束值 γ，p^B 的惩罚系数为 c_b，p^R 的惩罚系数为 c_r，c_b 和 c_r 是对于由系统等待而造成顾客放弃流失的惩罚，不同类型放弃顾客惩罚系数不同，根据给顾客带来的损失而定。一般来说，直接退出的顾客是没有任何等待而离开，而中途放弃的顾客经历了一段等待没有获得服务，所以现实情况中途放弃的顾客具有更低的满意度，即 $c_b < c_r$。γ 为对系统两种放弃行为的约束值，即“顾客流失率”的最低限制。

需要注意的是，增加坐席人员人数会同时降低顾客直接退出的概率与顾客中途放弃的概率，然而却导致人力成本的增加。因此，如何利用最少的坐席人员配置，满足呼叫中心顾客放弃行为的权重限制，亦是等待时间提醒模式下的人员配置问题的关键。

为了获得模型最优解 s，本节设计了基于固定点法和二分法的求解方法。首先，利用顾客调整后的新耐心值服从指数分布，可知“进入队列顾客中途放弃”概率 θ'，进一步可以获得顾客平均放弃率 λ^R：

$$\lambda^R = \theta' L. \tag{5.20}$$

由式（5.12），（5.16）和（5.20），可以得到式（5.21）：

$$\theta' = \frac{\lambda}{L}\sum_{n=0}^{\infty}\alpha' p(s+n) r_n(\varphi) \tag{5.21}$$

综上，L，$p(s+n)$，$r_n(\varphi)$ 和 p_n^b 是 θ' 的函数，所以（5.21）式的右边式子可以表示为 $f(\theta')$，即有 $\theta' = f(\theta')$，因此，本书利用固定点算法计算 θ' 的值。固定点算法的思想就是将等式（5.21）右边 f 看作一个连续函数，左边 θ' 是 f 的固定点。

获得未知值 θ' 后，就可以得到系统其他性能指标。本节的人力资源配置的主算法流程如图 5-1 所示。

首先，初始化 θ' 和 s 等参数；其次，由于 $G_n(t)$ 是关于 t 的严格增函数，

所以设计二分法计算提醒等待时间 w_n，相关收敛条件为 $\left|\frac{w_n(i)-w_n(i-1)}{w_n(i-1)}\right|<10^{-4}$，$i$ 是二分法迭代次数。然后，通过式（5.12）至式（5.16）得出 $r(\varphi)$，λ^R，L，$p(i)$；再次，利用固定点算法计算 θ'；最后，反复迭代计算出性能指标，验证是否满足限制条件，更新坐席人员数目。

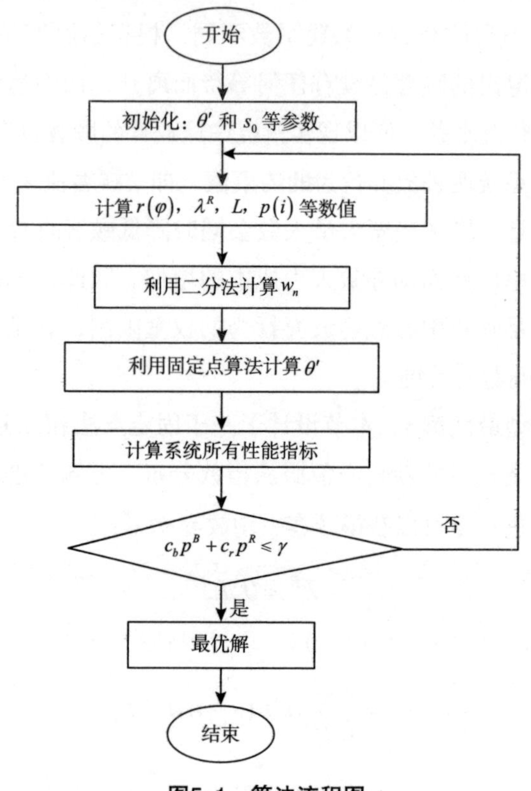

图5-1　算法流程图

Fig. 5-1　The flow chart of the algorithm

其中，固定点算法具体流程如下：

步骤 1　参数初始化，$\theta'^{(0)} \leftarrow \theta \quad i \leftarrow 0 \quad \varepsilon$。

步骤 2　当 $\left|\frac{\theta'^{(i)}-\theta'^{(i-1)}}{\theta'^{(i-1)}}\right|>\varepsilon$ 时，

计算 $\theta'=f(\theta')$ 方程右边，其中计算公式如下：

$$\lambda^{R(i)}=\sum_{n=0}^{\infty}\lambda\alpha_n^{'}(\theta^{'(i-1)})p(s+n)(\theta^{'(i-1)})r_n(\theta^{'(i-1)})$$

$$L^{(i)}=\sum_{i=1}^{\infty}ip(s+i)(\theta^{'(i-1)})$$

步骤 3　更新$\theta^{'(i)}$，其中$\theta^{'(i)}=\lambda^{R(i)}/L^{(i)}$。

步骤 4　循环次数 +1，然后返回步骤 2。

5.2.4　数值实验与影响因素分析

本节通过实验分析，分别研究了提醒信息可靠性β参数，顾客行为惩罚系数和顾客耐心变化参数对坐席人员配置和系统性能的影响。计算过程算法利用 MATLAB 编程实现，在 CPU 为 Intel Core 2（2.67 GHz），内存为 2GB 的计算机上运行。实验的全局参数设置μ=1，α=0.05，γ=0.3，θ=0.5。特别地，在具体实验过程中，λ的取值不同，代表系统规模大小不同。

5.2.4.1　提醒信息可靠性对人力资源配置的影响

本节实验选取λ=20，a=0，b=1，c_b=c_r=1，尽管实际中对中途放弃的惩罚系数要大于直接退出，但本书首先验证提醒信息可靠性β两种放弃行为的影响，所以首先假设直接退出和中途放弃的顾客“等待”满意度相同情况。由表 5-1 可知，β不断增大，p^B随之增大，相对地，p^R随之减少，即使s的减少也没有改变β所导致的顾客放弃行为的变化趋势。当s不变时，顾客得到服务率p^S几乎不随提醒信息可靠性β变化，s的增加明显增加顾客的服务率p^S。此外，顾客条件等待时间E（$W|S$）在坐席人员数s不变时，会随着β的增大而逐渐增大。综上可知，提醒可靠性β对提高系统服务率目标不是最优选择，主要是用来提高系统的顾客等待时间和等待满意度两种指标。

表5-1　不同提醒可靠性β下的人力资源配置水平和性能指标（c_b= c_r=1）

Table 5-1　Staffing and performance measures for different β with c_b=c_r=1

β	p^B	p^R	p^S	E（$W\|S$）	S
10%	0.0570	0.2080	0.7350	0.0194	16
30%	0.0939	0.1688	0.7373	0.0240	16
50%	0.1581	0.1379	0.7040	0.0414	15
70%	0.2160	0.0747	0.7093	0.0526	15
90%	0.2772	0.0172	0.7057	0.0525	15

5.2.4.2 顾客行为惩罚系数对人员配置的影响

本节实验选取 λ=20，a=0，b=1，当 c_b=1，而 c_r 分别取 1，2 和 3。顾客行为惩罚系数 c_b / c_r 比值就是反映了这两种顾客满意度重要性的对比关系，比值越小，由于限制值 γ 不变，所以对 p^R 限制更加严格，表示顾客中途放弃的重要性更大，所以需要配置更多的坐席人员来满足顾客放弃概率要求。从表 5-2 和表 5-3 可见，系统的性能指标总体变化趋势与表 5-1 相同。

表5-2 不同提醒可靠性β下的人力资源配置水平和性能指标（c_b=1，c_r=2）

Table 5-2 Staffing and performance measures for different β with c_b=1，c_r=2

β	p^B	p^R	p^S	$E(W\|S)$	S
10%	0.0355	0.1293	0.8353	0.0098	19
30%	0.0588	0.1032	0.8380	0.0126	19
50%	0.1022	0.0873	0.8105	0.0214	18
70%	0.1632	0.0588	0.7810	0.0334	17
90%	0.2422	0.0149	0.7429	0.0416	16

表5-3 不同提醒信息β下的人力资源分配和性能指标（c_b=1，c_r=3）

Table 5-3 Staffing and performance measures for different β with c_b=1，c_r=3

β	p^B	p^R	p^S	$E(W\|S)$	S
10%	0.0240	0.0866	0.8893	0.0060	21
30%	0.0397	0.0685	0.8919	0.0078	21
50%	0.0708	0.0597	0.8695	0.0132	20
70%	0.1389	0.0472	0.8138	0.0264	18
90%	0.2422	0.0149	0.7429	0.0416	16

图 5-2 显示在任意提醒可靠性条件下，随着惩罚系数比值降低，坐席人员配置数也变大，这说明系统需要配置更多坐席人员来满足更加严格的顾客放弃约束条件。

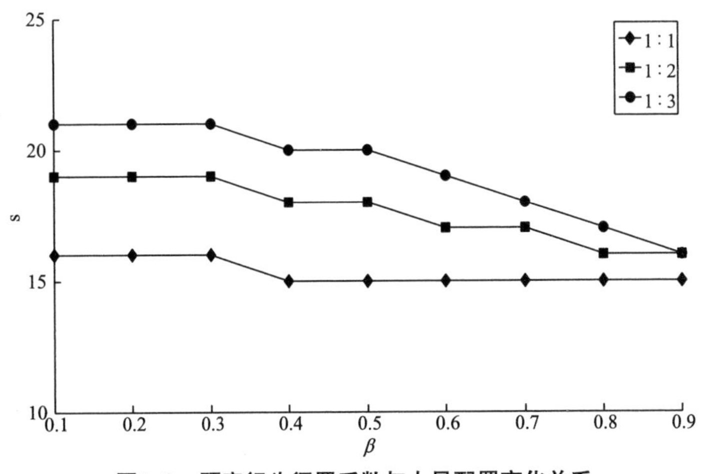

图5-2　顾客行为惩罚系数与人员配置变化关系

Fig. 5-2　The relationship between penalty coefficient of customer behavior and staffing

5.2.4.3　顾客耐心变化对系统性能指标的影响

通过对耐心值 T' 的重新构造以及 φ 的随机变化处理，是本章与 3.2 节中的提醒可靠性模型的区分不同之处之一。为了更好地突出更新顾客耐心系数 φ 的随机变化对系统性能的影响，本节取规模相对较小的呼叫中心即 λ=10，其他参数 c_b=1，c_r=3，β=90%，当（a，b）分别取以下 5 种情况时，求得满足顾客放弃概率条件的坐席人员配置情况。参数 a 和 b 代表顾客耐心变化系数 φ 服从均匀分布的取值范围，且由 5.2.1 节假设知 $a>0$，同时，顾客听到提醒时间后，耐心会相应小幅上升，现实意义是“顾客得到提醒信息后”，作出决策在系统中等待，往往最大愿意等待时间略大于提醒信息，顾客心理行为是“既然已经等待 w_n 时长，为了不使已等时间枉费，则不得不等更长时间”，然后等待耐心是有限度的，所以本书只取到 5/3。

表5-4　不同耐心变化参数（a，b）下的人力资源配置水平和性能指标

Table 5-4　Staffing and performance measures for different patience variation（a，b）

（a，b）	p^B	p^R	p^S	$E(W\|S)$	S
（0，1/3）	0.2074	0.0138	0.7788	0.0575	9
（0，2/3）	0.2082	0.0128	0.7791	0.0582	9
（0，1）	0.2084	0.0124	0.7792	0.0584	9
（0，4/3）	0.2086	0.0122	0.7792	0.0585	9
（0，5/3）	0.2087	0.0121	0.7792	0.0586	9

表 5-4 的计算结果表明：耐心变化系数变化，对人力资源配置无影响，但是导致了中途放弃的概率 p^R 下降，即更多的顾客愿意等待服务，系统中等待的顾客增多，所以顾客平均等待时间 $E(W \mid S)$ 逐渐增大，最终导致听到等待时间提醒的顾客直接退出 p^B 增加。但是可以看到耐心变化系数对顾客放弃行为的影响有限，随着耐心变化范围增大，顾客的中途放弃的概率下降幅度变小，这说明系统拥挤人数过多，导致顾客不再愿意等待，从而使系统趋于稳定。

5.3 考虑多服务指标约束的人员配置模型

通过以上考虑顾客耐心随机变化的人员配置模型，可以了解顾客的耐心值变化呈现随机性情况下，在保证一定顾客放弃概率水平的最优人力资源配置方法。然而，现实呼叫中心的运营，管理者需要严格考察顾客等待心理，并以此制定合适的过程指标帮助呼叫中心解决相关运营问题，提高企业收益。本节在考虑顾客耐心随机变化的人员配置模型构架基础上，围绕由提醒时间设置所产生的相关顾客等待满意度指标，建立了多服务指标约束的呼叫中心效益最大化的人员配置模型。通过数值实验分析，验证了提醒时间满意度，短时放弃率和短时等待应答率等指标对呼叫中心的性能影响，并且分析了考虑效益损失与顾客满意度指标权衡条件下，如何共同决策最优的提醒信息可靠性与坐席人员数目。

5.3.1 多服务指标定义

本节采用 5.2 节所提出的考虑顾客耐心随机变化的人员配置模型的参数定义及假设条件，同样研究了带排队等待信息提醒的单技能多服务台呼叫中心。基于顾客在获得提醒信息后，在队列等待的心理反应过程，首先定义了顾客提醒时间满意度。

定义 5.1 提醒等待满意度 P_c：选择接受提醒时间而进入队列等待服务的顾客，在获得服务后，会对提醒的等待时间做相应的评价，当实际等待时间大于提醒时间时，即使顾客已经接受服务，仍然对呼叫中心产生不满情绪，影响后续的呼叫选择。因此，定义该情形下获得服务的顾客，实际等待时间小于提醒时间的顾客比例为“提醒等待满意度 P_c”，

$$P_c = P\left(\frac{\text{实际等待时间}}{\text{通告时间}} \leqslant 1 \middle| \text{进入服务}\right) \tag{5.22}$$

具体地，在该近似的提醒排队模型中，P_c 作为条件概率，由无等待直接获得服务顾客概率 P^I 和进入队列后的条件概率 P_{c1} 组成，如式（5.23）所示：

$$P_c = P^I + P_{c1} \tag{5.23}$$

其中，P^I 由小于 s 稳态概率计算而得，$P^I = \sum_{i=0}^{s-1} p(i)$；在 P_{c1} 中，顾客接受提醒时间条件下，最后获得服务且对提醒时间满意的概率为：

$$\begin{aligned} & P(W_n \leqslant w_n \mid \varphi t_k + (1-\varphi) w_n \geqslant W_n) \\ & = P(W_n \leqslant w_n) \\ & = \beta \end{aligned} \tag{5.24}$$

最后计算 P_c 为：

$$P_c = P^I + \beta \cdot \sum_{n=0}^{\infty} (1-\alpha)(1-p^b(n)) p(s+n) \tag{5.25}$$

对于等待时间提醒模式下的呼叫中心来说，由于等待提醒造成的顾客特殊等待经历，导致存在许多与顾客的等待过程有关的性能指标。首先介绍两个与等待时间提醒有关的过程性能指标：迅速应答与短时放弃。

（1）迅速应答。该指标是指顾客到达后立即获得服务或者在可接受的时间迅速获得服务。该部分顾客被认为具有很高的顾客等待满意度。令 τ 代表顾客可接受迅速应答时间阈值。

（2）短时放弃。该指标是指主动放弃的顾客中，在指定短时间内放弃的顾客。令 π 代表短时放弃的时间阈值。短时放弃并不意味着坏服务的标志，呼叫中心管理者常常将它与常规的中途放弃区别处理，将该部分顾客等待满

意度等同于“直接退出”顾客。

接下来，围绕以上两个顾客等待心理指标，本节定义三个等待时间提醒模式下的新服务水平，即：

定义 5.2 全部顾客的迅速应答率 SL_1：在全部呼叫顾客中，获得服务的顾客等待时间小于等于 τ 的比例为 SL_1，

$$SL_1=\frac{\text{应答数目}\leqslant\tau}{\text{呼叫总数}} \tag{5.26}$$

定义 5.3 获得服务顾客的迅速应答率 SL_2：在全部获得服务的顾客中，等待时间小于等于 τ 的比例为 SL_2，

$$SL_2=\frac{\text{应答数目}\leqslant\tau}{\text{应答总数}} \tag{5.27}$$

定义 5.4 全部顾客的非短时放弃率 SL_3：在全部呼叫顾客中，放弃顾客的等待时间大于等于 π 的比例为 SL_3，

$$SL_3=\frac{\text{放弃数目}\geqslant\pi}{\text{呼叫总数}} \tag{5.28}$$

以上三个为新定义的服务水平指标，其中，SL_1 和 SL_2 没有针对顾客放弃提供相关信息，而是引导管理者针对部分顾客提供高优先级的迅速应答服务；对比地，SL_3 没有针对进入服务顾客的等待经历提供相关信息，而是提供了超过时间 π 中途放弃的信息。从顾客等待心理角度出发，SL_3 可以看作中途放弃 p^R 的更细节的指标，在实践中超过短时而放弃的顾客具有更低的满意度。以上三种指标可以通过在运营目标和限制条件中使用，帮助呼叫中心管理者避免不必要的低满意度顾客行为。

接下来，通过与四个随机变量 τ，π，W_n 和 T' 的函数关系表达，直接给出三种服务水平的数学表达式。首先，SL_1 作为 τ，W_n 和 T' 的函数，可得：

$$SL_1=P\left(W_n\leqslant\tau,W_n<T'\right) \tag{5.29}$$

相似地，可得 SL_2 和 SL_3：

$$SL_2=\frac{P\left(W_n\leqslant\tau,W_n<T'\right)}{P\left(W_n<T'\right)} \tag{5.30}$$

$$SL_3=P\left(W_n\geqslant\pi,W_n>T'\right) \tag{5.31}$$

为了求解新定义的服务水平，定义中间变量 σ_n。

定义 5.5　队列顾客获得服务条件概率：队列中已有 n 个顾客，接受提醒时间条件下，新进入等待队列中的顾客，最终在队列中获得服务的条件概率，可以表示为：

$$\sigma_n = P(T' > W_n | T \geqslant w_n) \tag{5.32}$$

进一步计算，可得：

$$\begin{aligned}\sigma_n &= \frac{P(\varphi T+(1-\varphi)w_n > W_n | T \geqslant w_n)}{P(T \geqslant w_n)} \\ &= \frac{P(\varphi T+(1-\varphi)w_n > W_n, T \geqslant w_n)}{P(T \geqslant w_n)} \\ &= \frac{P(T > (W_n-(1-\varphi)w_n)/\varphi, T \geqslant w_n)}{P(T \geqslant w_n)}\end{aligned} \tag{5.33}$$

对于式（5.33）分子可以分为两种情况处理：

第一种情况 $(W_n-(1-\varphi)w_n)/\varphi \geqslant w_n$，即等价于 $W_n \geqslant w_n$，可得：

$$\begin{aligned}&P(T > (W_n-(1-\varphi)w_n)/\varphi, T \geqslant w_n, W_n \geqslant w_n) \\ &= P(T > (W_n-(1-\varphi)w_n)/\varphi, W_n \geqslant w_n) \\ &= P(T > (W_n-(1-\varphi)w_n)/\varphi | W_n \geqslant w_n) P(W_n \geqslant w_n) \\ &= \int_{w_n}^{\infty} e^{-\theta((t-(1-\varphi)w_n)/\varphi)} g_n(t)\mathrm{d}t\end{aligned} \tag{5.34}$$

第二种情况 $(W_n-(1-\varphi)w_n)/\varphi \leqslant w_n$，即等价于 $W_n \leqslant w_n$，可得：

$$\begin{aligned}&P(T > (W_n-(1-\varphi)w_n)/\varphi, T \geqslant w_n, W_n \leqslant w_n) \\ &= P(T \geqslant w_n, W_n \leqslant w_n) \\ &= \int_0^{w_n} g_n(t)\mathrm{d}t P(T \geqslant w_n)\end{aligned} \tag{5.35}$$

结合式（5.33）分子的值 $e^{-\theta w_n}$，可得 σ_n：

$$\begin{aligned}\sigma_n &= e^{\theta(w_n/\varphi)} \int_{w_n}^{\infty} e^{-\theta t/\varphi} g_n(t)\mathrm{d}t + \int_0^{w_n} g_n(t)\mathrm{d}t \\ &= \sum_{i=0}^{n}\left(\prod_{j=0, j\neq i}^{n} \frac{s\mu + j\theta'}{(j-i)\theta'}\right) \frac{s\mu + i\theta'}{s\mu + \dfrac{\theta}{\varphi} + i\theta'} e^{-(s\mu+i\theta')w_n} + \beta\end{aligned} \tag{5.36}$$

当 σ_n 的值限定于顾客在时间 τ 内获得服务的条件时，可得 σ_n（τ）：

$$\sigma_n(\tau)=e^{\theta(w_n/\varphi)}\int_{w_n}^{\tau}e^{-\theta t/\varphi}g_n(t)dt+\beta\left(1-\sum_{i=0}^{n}\left(\prod_{j=0,j\neq i}^{n}\frac{s\mu+j\theta'}{(j-i)\theta'}\right)e^{-(s\mu+i\theta')\tau}\right)$$

$$=\sum_{i=0}^{n}\left(\prod_{j=0,j\neq i}^{n}\frac{s\mu+j\theta'}{(j-i)\theta'}\right)\frac{s\mu+i\theta'}{s\mu+\dfrac{\theta}{\varphi}+i\theta'}\left(e^{-(s\mu+i\theta')w_n}-e^{-(s\mu+\theta/\varphi+i\theta')\tau+\theta(w_n/\varphi)}\right)\quad(5.37)$$

$$+\beta\left(1-\sum_{i=0}^{n}\left(\prod_{j=0,j\neq i}^{n}\frac{s\mu+j\theta'}{(j-i)\theta'}\right)e^{-(s\mu+i\theta')\tau}\right)$$

因此，包含无须等待直接获得服务的顾客 P^I，可得 SL_1：

$$SL_1=P^I+\sum_{n=0}^{\infty}(1-\alpha)(1-p^b(n))\sigma_n(\tau)p(s+n)\quad(5.38)$$

同时，获得 σ_n（τ）与 σ_n 关联后，可得 SL_2：

$$SL_2=\frac{P^I+\sum_{n=0}^{\infty}(1-\alpha)(1-p^b(n))\sigma_n(\tau)p(s+n)}{P^I+\sum_{n=0}^{\infty}(1-\alpha)(1-p^b(n))\sigma_n p(s+n)}\quad(5.39)$$

第三个服务水平 SL_3 通过条件概率获得 r_n（π），它代表队列中途放弃条件概率中的小于时间 π 的放弃部分：

$$r_n(\pi)=1-\beta-\sum_{i=0}^{n}\left(\prod_{j=0,j\neq i}^{n}\frac{s\mu+j\theta'}{(j-i)\theta'}\right)e^{-(s\mu+i\theta')\pi}$$

$$-\sum_{i=0}^{n}\left(\prod_{j=0,j\neq i}^{n}\frac{s\mu+j\theta'}{(j-i)\theta'}\right)\frac{s\mu+i\theta'}{s\mu+\dfrac{\theta}{\varphi}+i\theta'}\left(e^{-(s\mu+i\theta')w_n}-e^{-(s\mu+\theta/\varphi+i\theta')\pi+\theta(w_n/\varphi)}\right)\quad(5.40)$$

排除短时放弃部分，可得 SL_3：

$$SL_3=\sum_{n=0}^{\infty}(1-\alpha)(1-p^b(n))(r_n(\varphi)-r_n(\pi))p(s+n)\quad(5.41)$$

5.3.2 呼叫中心效益最大化的人员配置模型

通过 5.3.1 节多种服务指标的定义，可以了解等待时间提醒模式下的相关性能指标特点。本节分别将几类服务指标作为约束条件，建立效益最大化的呼叫中心人员配置模型，其中坐席人员的配置控制着服务收益以及低性能指标造成的顾客损失。呼叫中心的效益由服务顾客产生，而坐席人员配置产生直接成本，同时顾客放弃直接产生相应收益损失。

（1）以提醒等待满意度为约束条件，建立等待时间提醒系统的人员配置模型如式（5.42），求最优的坐席人员数，称为“人员配置模型 1”。

$$\begin{cases}\max TP = c_1\lambda \cdot p^S - c_2 s \\ \quad s.t.\ p^R \leqslant \delta_1 \\ \qquad P_c \geqslant \delta_2\end{cases} \tag{5.42}$$

该模型目标函数为系统期望收益 TP，第一部分为顾客服务平均收益 $c_1\lambda \cdot p^S$，c_1 代表服务收益参数；第二部分为坐席人员成本 $c_2 s$，c_2 可以看作薪水的表达参数。在约束条件中，第一部分为中途放弃约束，约束参数为 δ_1。中途放弃的顾客经历了一段等待没有获得服务，所以现实情况中途放弃的顾客具有更低的满意度，所以约束第一部分强调该放弃的重要性；第二部分为提醒等待满意度约束，约束参数为 δ_2。P_c 强调了呼叫中心提醒准确性的约束。

（2）分别以三种新服务水平为约束条件，建立等待时间提醒系统的人员配置模型如式（5.43），求最优的坐席人员数目，称为“人员配置模型 2”。

$$\begin{cases}\max TP = c_1\lambda \cdot p^S - c_2 s \\ \quad s.t.\ SL_i \geqslant \delta_{3i} \\ \quad \text{or}\ \ SL_3 \leqslant \delta_{33}\end{cases} \tag{5.43}$$

该模型的目标函数与“人员配置模型 1”相同，同为使得呼叫中心效益最大化的坐席人员配置。在约束条件中，选取了相应的服务水平作为约束，约束参数分别为 δ_{3i} 与 δ_{33}。

由于 s 与约束条件的线性关系，本节仍然选择 5.2.3 节的基于固定点法和二分法的求解方法求解人员配置模型中性能指标。此外，由于模型中隐含着决策变量，提醒可靠性 β，本节选择枚举的方法共同决策坐席人员数量与提醒可靠性概率，使得呼叫中心效益最大化。

5.3.3 数值实验与影响因素分析

本节数值实验主要分为三个部分，首先分析了提醒信息可靠性 β 参数对呼叫中心多种性能指标的影响；其次分别研究了“人员配置模型 1”与“人员配置模型 2”的坐席人员配置和提醒可靠性决策规律，从而使得呼叫中心效益最大化。计算过程算法利用 MATLAB 编程实现，在 CPU 为 Intel Core 2（2.67 GHz），内存为 2GB 的计算机上运行。实验的全局参数设置 μ=1，α=0.05，θ=0.5，其中迅速应答时间 τ=1/3，短时放弃时间 π=1/12。

5.3.3.1 提醒信息可靠性对性能指标的影响

本节研究了提醒可靠性对新定义的性能指标的影响。首先忽略坐席人员配置的影响，选取质量与效率均衡导向型的呼叫系统。每组实验参数设置的提醒可靠性为整数取值，且采取 % 单位。

（1）提醒信息可靠性对 P_c 的影响。为了研究提醒信息可靠性对 P_c 的影响，选取 $\lambda \in \{5,10,20,50\}$，且均匀分布的顾客耐心变化系数的区间分布为 a = 0，b =1/3。如图 5-3 所示，在提醒信息可靠性影响下的 P_c 变化明显，无论系统规模如何，P_c 随着 β 的增大而增大。然而，顾客获得服务的概率 P^S 呈现先增后降的变化规律，且受系统规模影响较大，这进一步说明了 β 将对系统效益产生显著影响。

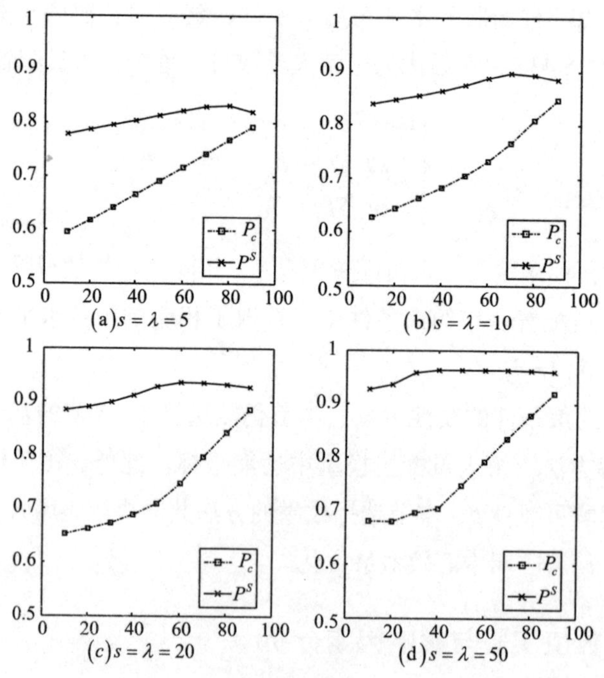

图5-3 β对提醒信息满意度的影响

Fig. 5-3 Impact of β on delay information satisfaction

（2）提醒信息可靠性对 SL_i 的影响

为了研究提醒信息可靠性对 SL_i 的影响，选取 $s \in \{5,10,20\}$，且顾客耐心变化系数为 φ=1/3。

首先，如图 5-4 所示，分析了提醒信息可靠性影响下的 SL_1 与 SL_2 变化趋势。由 β 性质可知，增加提醒时间可靠性概率会降低顾客中途放弃的概率，并且导致直接退出概率增加。在两类行为综合作用下，SL_1 与 SL_2 在高可靠性与低可靠性情形时均处于较高水平。进一步地，该数值分析说明了低可靠性的情形下，尽管大多数顾客选择中途放弃，从实验数据可以看出多数中途放弃的时间在 τ 内发生，因此，最优的 SL_1 与 SL_2 产生于低提醒可靠性场景。

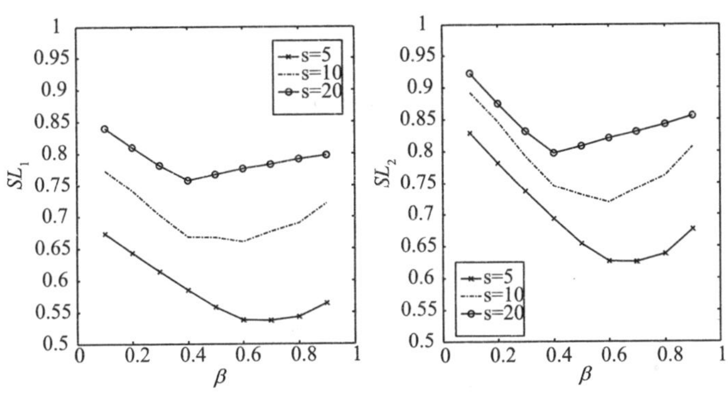

图5-4　β对SL_1与SL_2的影响

Fig. 5-4　Impact of β on SL_1 and SL_2

其次，如图 5-5 所示，分析了提醒信息可靠性影响下的 SL_3 变化趋势。随着可靠性概率增加，SL_3 逐渐降低。SL_3 的变化趋势基本与中途放弃 p^R 的变化保持一致，说明在质量与效率均衡导向型的呼叫系统中，中途放弃的顾客大多为短时放弃。

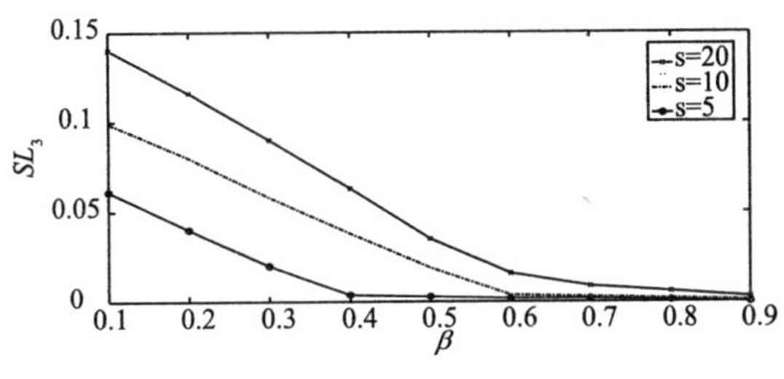

图5-5　β对SL_3的影响

Fig. 5-5　Impact of β on SL_3

5.3.3.2 提醒满意度约束下的人员配置规律

本节研究了“人员配置模型 1”中提醒可靠性与坐席人员配置的决策规律。首先分析了提醒信息可靠性对呼叫中心的效益影响，包括提醒信息可靠性对提醒等待满意度，顾客获得服务概率等目标函数参数及约束参数的影响；其次分析了最优人员配置规律对系统收益的影响；最后研究了提醒信息可靠性与人员配置的共同决策的规律。该模型的收益系数为 c_3=5，c_2=2。

（1）提醒信息可靠性对呼叫中心效益的影响。本节通过五类规模呼叫系统，研究了提醒信息可靠性对呼叫中心效益及其变量参数的影响。选取 $(s,\lambda)=(3,3),(5,5),(10,10),(20,20),(50,50)$，且均匀分布的顾客耐心变化系数的区间分布分为五种情况：$(a,b)=(0,1/3),(0,2/3),(0,1),(0,5/3)$，$(0,0)$。在以上五种场景下，求得使得呼叫中心最大效益的最优可靠性 β*。中途放弃约束系数选取 δ_1=0.05。表 5-5 选取提醒满意度约束系数 δ_2=0.6。

表5-5 最优可靠性β*

Table 5-5 Optimal announcement coverage β*

s=λ	3	5	10	20	50	3	5	10	20	50
	（a，b）=（0，1/3）					（a，b）=（0，2/3）				
β*（%）	74	73	64	51	45	67	60	44	33	18
p^R	0.049	0.032	0.022	0.016	0.007	0.043	0.031	0.022	0.014	0.007
p^B	0.18	0.134	0.08	0.047	0.03	0.172	0.12	0.068	0.043	0.027
P_c	0.719	0.746	0.738	0.704	0.726	0.689	0.683	0.627	0.603	0.601
p^S	0.771	0.834	0.898	0.936	0.963	0.785	0.849	0.91	0.943	0.966
TP	5.57	10.85	24.91	53.64	140.7	5.77	11.24	25.51	54.35	141.44
	（a，b）=（0，1）					（a，b）=（0，5/3）				
β*（%）	60	50	41	34	19	50	47	41	34	20
p^R	0.038	0.03	0.018	0.01	0.005	0.033	0.021	0.012	0.007	0.003
p^B	0.164	0.11	0.067	0.044	0.028	0.152	0.109	0.068	0.044	0.028
P_c	0.655	0.628	0.605	0.604	0.602	0.601	0.604	0.6	0.601	0.604
p^S	0.798	0.861	0.916	0.947	0.967	0.815	0.87	0.921	0.949	0.969
TP	5.97	11.52	25.79	54.65	141.85	6.23	11.75	26.03	54.94	142.2

续表

$s=\lambda$	3	5	10	20	50
	(a, b) = (0, 0)				
β^* (%)	85	90	95	97	99
p^R	0.049	0.036	0.019	0.012	0.004
p^B	0.199	0.158	0.115	0.077	0.046
P_c	0.752	0.807	0.866	0.911	0.95
p^S	0.752	0.807	0.866	0.911	0.95
TP	5.27	10.16	23.31	51.08	137.44

如表 5-5 所示，在质量与效益均衡导向型系统的最优提醒可靠性变化规律。首先，顾客耐心变化系统的区间分布变化对最优提醒可靠性产生了重要的影响。当（a，b）=（0，0）时，即顾客将耐心更新为提醒时间，最优的可靠性 β^* 整体数值最高，同时系统收益相较于其他区间参数最低。随着 b 值的增大，以为顾客更新耐心时间变长，导致越来越小的最优可靠性 β^*，同时整体的最优效益增加。其次，针对系统的变量变化规律，当 b>0 时，随着系统规模增加，最优的可靠性 β^* 降低，获得服务的顾客概率 p^S 随之增加，这说明规模的增加导致系统服务率增加，因此可以采用较低的可靠性概率并且不违反中途放弃与提醒满意度限制。该规律也说明了管理者可以根据不同的系统规模来制定提醒可靠性策略。此外，提醒满意度 P_c 的条件限制是严格的，导致为了满足限制最优提醒可靠性保持相对较低的水平。

为了强调提醒满意度的限制作用，图 5-6 选取更严格的提醒满意度约束系数 δ_2=0.65 对比，其中（a,b）=（0，0）,（0，2/3）,（0，5/3）。如图 5-6 所示，首先，当（a，b）=（0，0）时，δ_2=0.65 与 δ_2=0.6 的最优提醒可靠性完全一致，当 b>0 时，提醒满意度限制条件影响较大，尤其针对大规模的系统时，顾客对提醒信息更加敏感，因此需要提高可靠性从而保证等待信息的准确性。

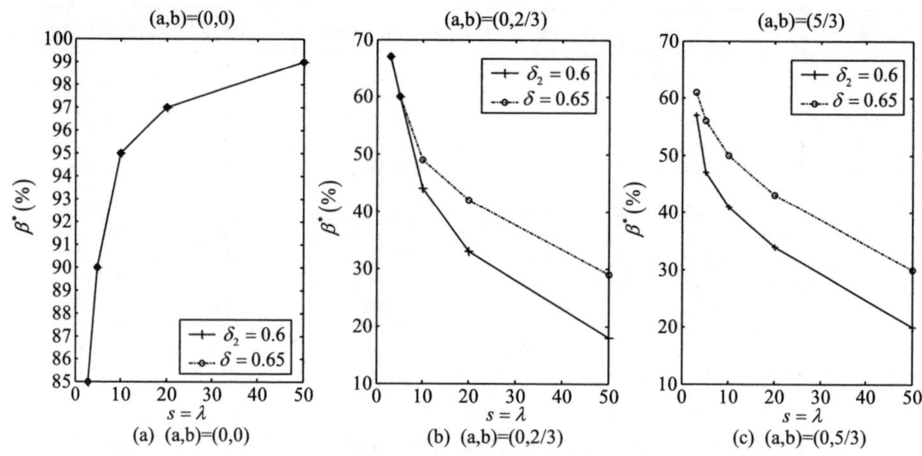

图5-6 严格限制条件下的最优可靠性β^*

Fig. 5-6 Optimal announcement coverage β^* under stricter constraint

（2）提醒满意度约束下的最优人员配置规律。通过前面的分析，了解了质量和效率均衡导向型呼叫中心中，提醒可靠性对效益影响的规律。本节固定λ=10，约束系数δ_1=0.05，δ_2=0.6，考察最优的人员配置规律。如图5-7所示，在（a，b）=（0，0）情形时，需配置最多的坐席人员，同时呼叫中心的效益水平相对最低。当提醒可靠性设置越来越高时，最优的人员配置安排逐渐降低，原因是高的提醒可靠性水平导致中途放弃与提醒满意度的限制水平较低，因此，降低对坐席人员的要求，从而提高了呼叫中心收益。

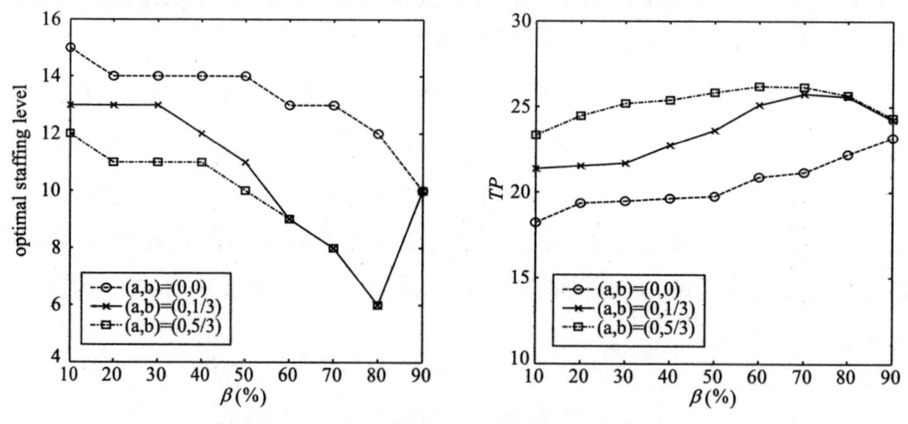

图5-7 不同提醒可靠性的最优人员配置s*

Fig. 5-7 Optimal staffing level s* with different announcement coverages

当b>0时，此时顾客更新其耐心值变为更大的值，因此系统可以设置相对低的坐席人员并且获得较高的效益。相似地，提醒可靠性设置越来越高时，最优的人员配置安排逐渐降低，然而，当β到达80%时，极高的可靠性无法满足提醒满意度的要求，因此需求增加相应的坐席人员配置，从而导致了收益的降低。

（3）提醒满意度约束下的人员配置与提醒可靠性共同决策规律。本节利用枚举的方法研究了提醒信息可靠性与人员配置的共同决策的规律，即寻求使系统效益最大化的(β^*, s^*)。选取λ=10，约束系数δ_1=0.05，δ_2=0.6，固定均匀分布的顾客耐心变化系数a=0，考察区间b值不断变化时，系统的最优(β^*, s^*)。

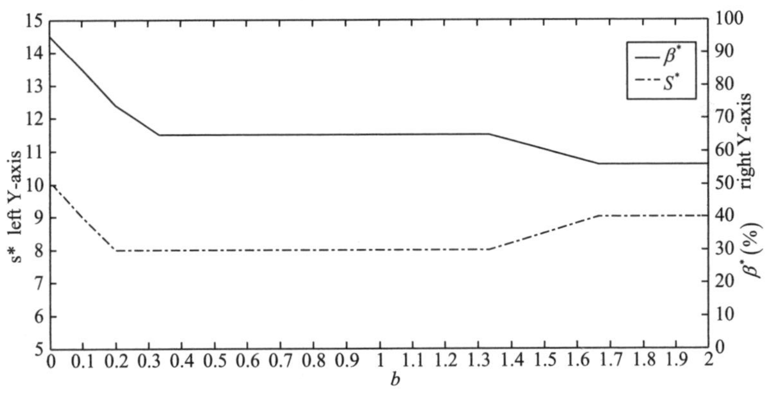

图5-8　最优人员配置与提醒可靠性

Fig. 5-8　Optimal design of staffing level and announcement coverage

如图5.8所示，随着顾客耐心变化系数的区间增大，顾客的最优人员配置呈现“U”型曲线，且最优可靠性曲线伴随着增加的更新耐心范围呈下降趋势。首先，增加的顾客更新耐心区间导致中途放弃与提醒满意度的限制水平较低，因此人员配置与顾客可靠性同时取值较低。然而，随着顾客更新耐心区间不断的增加，较长的顾客耐心时间导致越来越多的顾客留在等待队列中，此时为了获取较高收益必然要配置更多坐席人员来服务增加的等待顾客，因此出现了最优人员配置“U”型曲线。总之，人员配置与提醒可靠性共同决策规律受到顾客耐心回应的影响较大。

5.3.3.3　新服务水平约束下的期望效益变化规律

本节研究了“人员配置模型2”中，在不同的服务水平约束条件下，不同坐席规模系统的收益变化规律。该模型的收益系数为c_1=5，c_2=2，为了突出新定义的服务水平影响，选取顾客耐心变化系数为 φ=1/3。

首先，假设系统无任何服务水平限制下最优的效益水平为 TP^*，TP_{sl}^* 为相应服务水平约束下的最优效益，定义最优效益相对差值 $\Delta TP(sl)$= $\left(\left|TP^*-TP_{sl}^*\right|/TP^*\right)\times 100\%$。图 5-9 给出了分别以三类不同的服务水平约束条件下，通过提醒可靠性概率调节，从而获得期望收益变化规律。如图 5-9 所示，随着系统坐席规模的增大，任何服务水平的 $\Delta TP(sl)$逐渐变小，当系统规模大于 20 所有期望收益相对差值趋于 0，说明较大坐席规模的呼叫中心系统，提醒信息与新定义服务水平的约束减少，对系统收益影响不大。该结论与文献[143]结论一致，即随着能力配置水平的提高，系统的服务水平影响力将下降。

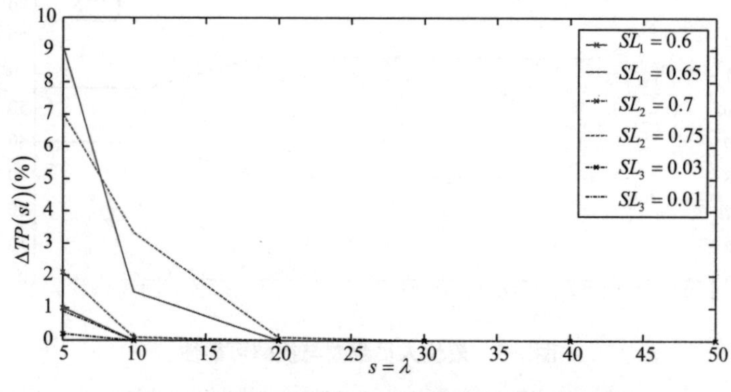

图5-9 新服务水平约束下的期望效益变化结果

Fig. 5-9 Results for optimal system revenues with new service levels

5.4 本章小结

本章针对带有排队等待信息提醒的呼叫排队系统，进行了顾客耐心变化随机分布情况下的人力资源配置方法的研究。在考虑排队提醒下顾客心理和行为变化基础上，通过排队理论得到系统稳态情况下的性能指标计算公式，并且利用二分法和固定点算法求解最小化的人力资源数量。然后，在构建的提醒等待排队系统基础上，通过对顾客等待满意度细分，从呼叫中心期望效益最大化的角度出发，建立了多服务指标的人员配置模型。针对以上两类人员配置模型的数值实验，得出以下两个结论：

首先，通过“考虑顾客耐心随机变化的人员配置模型”数值实验结果的分析发现，提醒信息可靠性大小对系统服务率影响较小，主要是调节顾客行为的分布，惩罚系数比值降低将会增加坐席人员的人数配置，耐心变化参数在一定范围内越大，直接退出率和平均等待时间越大。

其次，通过“考虑多服务指标约束的人员配置模型”数值实验结果的分析发现，较高的提醒可靠性及低水平坐席人员配置适用于系统的更新耐心区间范围（a，b）较小情形；随着呼叫系统规模增大，提醒时间可靠性的影响作用将降低。

第六章　考虑顾客满意度的呼叫中心人员配置模型

6.1 引　言

呼叫中心作为典型的“看不见队列的排队系统”，大多数研究将顾客到达视为外生变量[144-146]，通过大家熟知的分布来表达顾客到达率从而忽略了“重复选择”的潜在影响。事实上，在获得收益的呼叫中心中，因为高满意度而“重复选择”的老顾客对系统运营收益产生巨大的影响。而呼叫中心作为一类无须面对面的服务系统，提高顾客满意度的最有效方式就是提供迅速且有效的服务[147]。因此，等待时间成为影响顾客满意度，甚至影响呼叫中心收益的重要指标。如何合理地利用资源提高顾客满意度，对于呼叫中心运营管理具有非常重要的作用。

通过第五章对效益最大化的呼叫中心人员配置问题的介绍与求解，可以获知坐席人员配置不仅关系着人力成本，同时对顾客等待影响从而影响呼叫中心的收益。本章作为关键研究问题四，首先针对一类无提醒等待时间的呼叫中心，在考虑顾客放弃与“重复选择”行为的基础上，利用排队分析方法，构建了以呼叫中心期望效益最大化为目标的人力资源配置模型。然后，对比地，针对等待时间提醒模式下的呼叫中心，考虑了提醒满意度与“重复选择”行为，重新构建了以呼叫中心期望效用最大化为目标的提醒可靠性与人力资源配置共同决策模型。

6.2 无等待提醒模式下考虑顾客满意度的人员配置模型

顾客等待满意度对“重复选择”行为的影响对于呼叫中心人力资源配置具有重要作用。本节针对一类经典的 M/M/s+M 排队模型，构建了带顾客等待满意度的行为排队模型。通过考虑“顾客重复到达行为”，将顾客到达率与顾客满意度建立直接联系。接着，通过对排队分析得到稳态系统下的性能指标计算公式。在此基础上，建立期望效益最大化人力资源配置的优化模型，并给出了基于蒙特卡洛算法的求解方法。

6.2.1 问题假设与参数

参照经典的 Erlang A 排队系统，本节研究了考虑顾客放弃行为的单技能多服务台呼叫中心。令 T 代表顾客打电话时耐心时间，即最大愿意等待的时间，服从参数为 γ 的指数分布，排队规则为先到先服务（FCFS），具体使用的符号说明如下：

λ_e：顾客均衡呼叫到达率，服从泊松分布

s：坐席人员数（系统的决策变量）

μ：呼叫服务率，服从指数分布

ρ：系统负荷（$\rho=\lambda_e/s\mu$）

令代表 τ 顾客接受等待时间，即评估本次服务质量从而能进行下次重复选择行为时间阈值，等待时间小于 τ 的顾客被视为满意顾客。基于顾客在获得服务后，对本次服务进行评估，首先定义了顾客重复选择的“服务水平”。

定义 6.1 顾客“重复选择”满意度 p_c：在全部呼叫顾客中，获得服务的顾客等待时间小于等于 τ 的比例为 p_c，该部分顾客对本次满意，具备重复选

择服务的潜在可能。

$$p_{\mathrm{c}}=\frac{\text{应答数目}\leqslant\tau}{\text{呼叫总数}} \tag{6.1}$$

接下来计算 p_c 的具体数学表达式。首先令 V 代表“顾客虚拟等待时间”，即假设顾客不放弃而在队列中实际等待时间。需要注意的是，则 $V\leqslant T$ 意味着顾客接受服务，$V>T$ 意味着顾客放弃。令 P_R 代表顾客放弃概率，P_S 代表顾客接受服务概率，W 代表任意顾客在队列中的等待时间，一个顾客在队列中的逗留时间分为两种情况，一种是以放弃为结束，另一种是以开始接受服务为结束：

$$P_{\mathrm{S}}=1-P_{\mathrm{R}} \quad W=\min\{V,T\} \tag{6.2}$$

p_c 作为随机变量 V，T 和 W 的函数，可以写作：

$$p_{\mathrm{c}}=P\left(V\leqslant\tau,V<T\right) \tag{6.3}$$

基于 Zeltyn 和 Mandelbaum[148] 的研究工作，定义以下顾客放弃的性能指标变量。假设当顾客耐心服从一般分布，其累计分布函数为 $G(x)$，$x\geqslant 0$，因此可得：

$$\overline{G}(x)=1-G(x) \tag{6.4}$$

定义变量 $H(x)$ 和 $J(t)$，相应表达式为：

$$H(x)\equiv\int_0^x\overline{G}(u)\mathrm{d}u,$$

$$J(t)=\int_t^{\infty}e^{\lambda_{\mathrm{e}}H(x)-s\mu x}\mathrm{d}x \tag{6.5}$$

当顾客耐心为指数分布时，可得 $\overline{G}(x)$ 和 $H(x)$ 的表达式为：

$$\overline{G}(x)=e^{-\gamma x} \quad H(x)=\frac{1-e^{-\gamma x}}{\gamma} \tag{6.6}$$

令 $B(s,\lambda_{\mathrm{e}}/\mu)$ 代表 M/M/s/s 队列的阻塞概率，定义 ε 为：

$$\varepsilon=\frac{\sum_{i=0}^{s-1}\left(\lambda_{\mathrm{e}}/\mu\right)^i/i!}{\left(\lambda_{\mathrm{e}}/\mu\right)^{s-1}/(s-1)!}=B(s-1,\lambda_{\mathrm{e}}/\mu)^{-1} \tag{6.7}$$

因此可以获得“虚拟等待时间”V 的概率密度函数为：

$$v(x)=\frac{\lambda_e e^{\lambda_e H(x)-s\mu x}}{\varepsilon+\lambda_e J(0)}=\frac{\lambda_e e^{\lambda_e H(x)-s\mu x}}{\frac{\sum_{i=0}^{s-1}(\lambda_e/\mu)^i/i!}{(\lambda_e/\mu)^{s-1}/(s-1)!}+\lambda_e J(0)} \tag{6.8}$$

顾客无须等待直接获得服务的概率为：

$$P(V=0)=\frac{\varepsilon}{\varepsilon+\lambda_e J(0)}. \tag{6.9}$$

顾客放弃的概率 P_R 为：

$$P_R=P(V>T)=\frac{1+(\lambda_e-s\mu)J(0)}{\varepsilon+\lambda_e J(0)} \tag{6.10}$$

因此，通过式（6.3），（6.8）和（6.9）可以获得顾客“重复选择”满意度 p_c：

$$p_c=P(V=0)+\int_0^\tau \overline{G}(x)v(x)\mathrm{d}x=\frac{\varepsilon}{\varepsilon+\lambda_e J(0)}+\int_0^\tau \overline{G}(x)\frac{\lambda_e e^{\lambda_e H(x)-s\mu x}}{\varepsilon+\lambda_e J(0)}\mathrm{d}x \tag{6.11}$$

最终可得：

$$p_c=\frac{\varepsilon+s\mu(J(0)+J(\tau))+e^{\lambda_e H(\tau)-s\mu\tau}}{\varepsilon+\lambda_e J(0)} \tag{6.12}$$

6.2.2 考虑顾客“重复选择”满意度的人员配置模型与求解

考虑以售卖服务或者商品为职能的呼叫中心背景，此类呼叫中心不同于“售后服务”以及“技术支持”的呼叫中心，具备顾客重复选择以及企业收益的现实情景。基于此假设，顾客的重复购买率依赖于最近的服务经历，相比于低满意度顾客，满意度高的顾客具备更高的重复选择率 [36, 149]。从现有的顾客排队模型表达中，本节参照了 Pustova[150] 的重拨模型，将“重复选择”与新顾客进行混合近似处理。同时，参照 van Ackere 等 [36, 40] 的顾客等待满意度表达，定义 θ 为顾客下一阶段选择的潜在概率，在现实呼叫中心中，θ 依赖于呼叫中心服务的特有性能，其中 $\theta \in [0,1]$，例如，具有订票服务的呼叫中心，高满意度后的 θ 选择频率自然较高。令 λ_{new} 代表首次选择呼叫中心服务的顾客到达率，其作为常量与呼叫中心的自身属性有关，从而构建顾客均衡到达率为：

$$\lambda_{\text{e}}=\lambda_{\text{new}}+\theta P_{\text{c}}\lambda_{\text{e}} \tag{6.13}$$

该模型参见 Baskett 等 [151] 证明的多等级商品网络模型，使得该排队模型的静态行为不依赖于顾客重复选择的分布，因此，可以通过求解式（6.13）中的 λ_e，获得呼叫中心的服务收益表达。通过以 λ_e 为自变量的连续函数变量 f 表达式（6.13），可得：

$$f\left(\lambda_{\text{e}}\right)=\frac{\lambda_{\text{new}}}{1-\theta P_{\text{c}}}=\lambda_{\text{e}} \tag{6.14}$$

其中，P_c 作为 λ_e 的函数。本节采用一类蒙特卡洛计算方法 [152] 求解式（6.14）中唯一的变量 λ_e。算法步骤如下：

步骤 1　初始化，置 i=0 和 $\lambda_{\text{e}}^{(0)}$，然后计算：

$$F^{(0)}=f\left(\lambda_{\text{e}}^{(0)}\right) \tag{6.15}$$

步骤 2　产生（$-A$，A）区间上均匀分布的随机数 h，以 $\lambda_{\text{e}}^{(0)}+r$ 作为自变量，计算：

$$F^{(1)}=f\left(\lambda_{\text{e}}^{(1)}+h\right) \tag{6.16}$$

步骤 3　若 $F^{(1)} \geqslant F^{(0)}$，则返回上一步，重新选择随机数，直到找到某个 h'，$F^{(1)}<F^{(0)}$。

步骤 4　若 $\left|F^{(1)}\right| \leqslant \varepsilon$，则 $\lambda_{\text{e}}^{(0)}+h'$ 方程（6.14）的一个根，否则转到步骤 2。

根据蒙特卡洛算法，给定任何坐席人员参数，可以计算均衡的顾客到达率。因此，下面提出呼叫中心效益最大化的人员配置模型，目标求得最小的坐席人员数：

$$\max_{s} TP=c_1\lambda_{\text{e}}\cdot P_{\text{S}}-c_2 s \tag{6.17}$$

该模型目标函数为系统期望收益 TP，第一部分为顾客服务平均收益 $c_1\lambda_e \cdot P_S$，包含了“重复选择”的系统均衡到达率，c_1 代表服务收益参数；第二部分为坐席人员成本 $c_2 s$，c_2 可以看作薪水的表达参数。由于坐席人员 s 的整数特征，本节选取枚举法求解式（6.17）的最优人员配置数。

6.2.3 数值实验与影响因素分析

本节数值实验主要分为三个部分，首先分析了有无顾客“重复选择”满意度条件下对系统效益的影响规律，然后分别分析了顾客首次到达率和顾客等待的敏感度对人员配置和系统效益的影响规律。计算过程算法利用 MATLAB 编程实现，在 CPU 为 Intel Core 2（2.67 GHz），内存为 2GB 的计算机上运行。实验的全局参数设置：c_1=5，c_2=2，μ=1，γ=0.1。

6.2.3.1 “重复选择”满意度对系统效益的影响

本节利用枚举法求解系统最优的人员配置数量，从而验证不同的场景下，无“重复选择”（θ=0），部分“重复选择”（θ=0.2, θ=0.5, θ=0.8），完全“重复选择”（θ=1）三类模型对系统收益的影响。选取 λ_{new} =5，τ=1/3。

首先，如果顾客“重复选择”的潜在概率 θ 为 0，那么顾客的均衡到达率则为初始到达，即传统的无“重复选择”行为的呼叫系统。如图 6-1 所示，传统的呼叫系统的人力成本、服务收益以及呼叫利润呈现线性的变化趋势。人力成本随着人员配置的增多线性增加，由于没有“重复选择”顾客，系统的收益基本保持不变，任何人力成本的增加都会导致系统的利润下降。

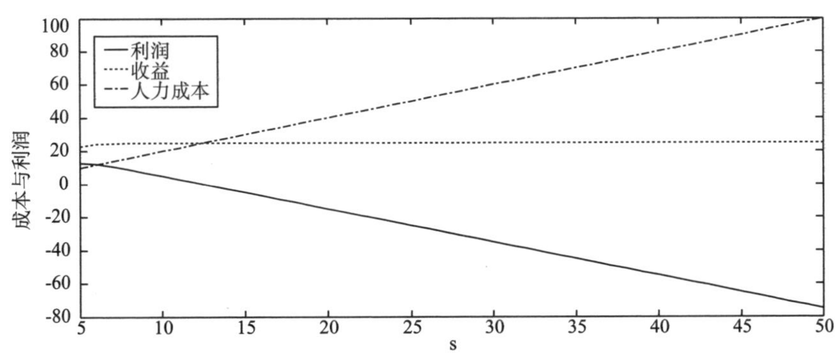

图6-1 无“重复选择”下的系统人力成本与收益变化（θ=0）

Fig.6-1 Staffing cost and revenue without repeat behavior（θ=0）

其次，不同类型的呼叫中心顾客对等待时间的敏感度也不尽相同。本节考察了当顾客呈现部分潜在的“重复选择”概率时，系统效益的变化趋势。如图 6-2 选取了三类 θ =0.2，θ =0.5，θ =0.8“重复选择”潜在概率，三种模型的人力成本、服务收益以及呼叫利润的变化趋势基本相同。人力成本随着人员配置的增多线性增加；而呼叫中心的收益随着人员配置的增加呈现先上升，然后保持不变的趋势，原因是坐席人员增加到一定程度时，顾客满意度 p_c 与获得服务概率 P_S 已经到达极致无法再增加，因此由于满意度高而增加的“重复选择”顾客也到达上限，此时再增加坐席人员，系统只有人力成本的上升而无收益的增加。因此，综合人力成本与系统收益的变化，最终产生了系统效益 TP 曲线。

最后，完全“重复选择”顾客意味着等待时间对顾客的重复行为具有绝对的影响力。尽管现实中不存在这种极端情况，本节作为理论考察对比之前 $\theta<1$ 的模型。如图 6-3 所示，由于满意度高的顾客完全选择回到呼叫系统，导致坐席人员的增加都会增加满意的顾客重复到达，因此利润与收益曲线出现线性增加的情形，且无关坐席人员增加范围至多大规模。

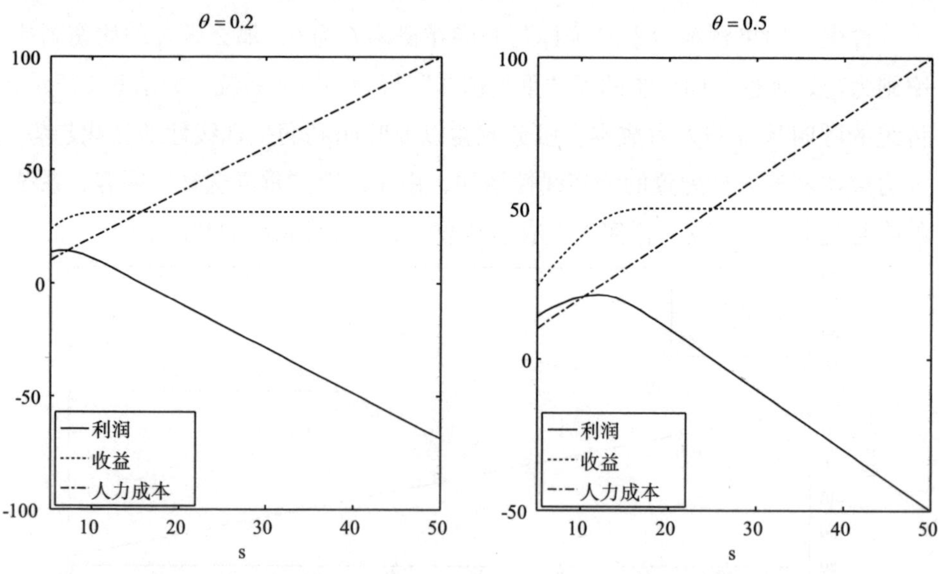

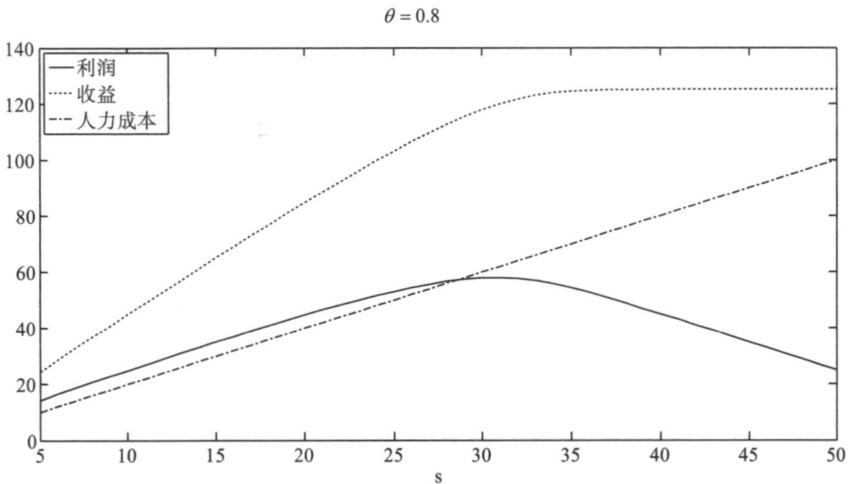

图 6-2　部分“重复选择”下的系统人力成本与收益变化

Fig. 6-2　Staffing cost and revenue with partial repeat behavior

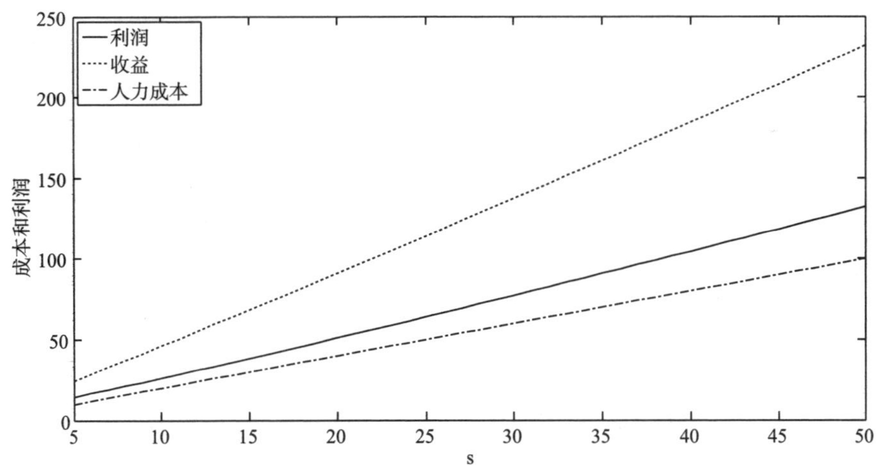

图6-3　完全“重复选择”下的系统人力成本与收益变化（θ =1）

Fig. 6-3　Staffing cost and revenue with full repeat behavior（θ =1）

6.2.3.2　顾客首次到达率对人员配置的影响

不同规模与不同属性的呼叫中心具有不同的首次顾客到达率，本节选取 θ=0.5，τ =1/3，求得使系统收益最大化的坐席人员配置数 s*。如表 6-1 所示，λ_{new} 的增加意味着系统的顾客潜在需求增大，为了提高顾客的“重复选择”满意度，最优的坐席人员配置随着 λ_{new} 的增加而不断增大。然而，如同文献[143]结论，即随着坐席人员规模的增大，它产生收益的边际效用也逐渐降低。所以产生 s* 增加的幅度小于 λ_{new} 的增加幅度的现象。

表6-1　首次顾客到达率对人员配置的影响

Table 6-1　The Impact of first arrival customers on staffing

	λ_{new}						
	5	7	10	15	20	30	50
s*	12	17	23	34	45	65	106
TP*	21.35	31.82	48.14	76.03	104.4	162.09	279.06
λ_e	9.14	13.23	18.93	28.93	39.02	58.64	98.55
P_S	0.992	0.995	0.995	0.996	0.996	0.996	0.997
P_c	0.906	0.942	0.943	0.963	0.975	0.977	0.985
ρ	0.762	0.778	0.823	0.851	0.867	0.902	0.93

6.2.3.3　顾客等待敏感度对人员配置的影响

作为体现顾客等待敏感度的时间阈值 τ，它的变化控制着顾客“重复选择”行为。本节选取 θ=0.5，λ_{new} =5，考察了顾客等待敏感度对最优的人员配置与效益影响规律。如图 6-4 所示，在一定程度上，τ 的值越大，系统的效益越大，原因是 τ 的值偏大代表顾客对等待不敏感，即只要获得服务的顾客就拥有相对高的满意度，此时只要配置相对少的坐席人员服务便可满足顾客的需求，即人力成本的降低导致系统效益较大。然而，τ 的值达到某种程度时，如图 6-4 中 τ >3 的情形，系统的效益将不再增加，原因是系统中大多数顾客的等待时间都将在时间 τ 内处理，人力成本到达下限值，再次降低顾客等待敏感度作用将失效。

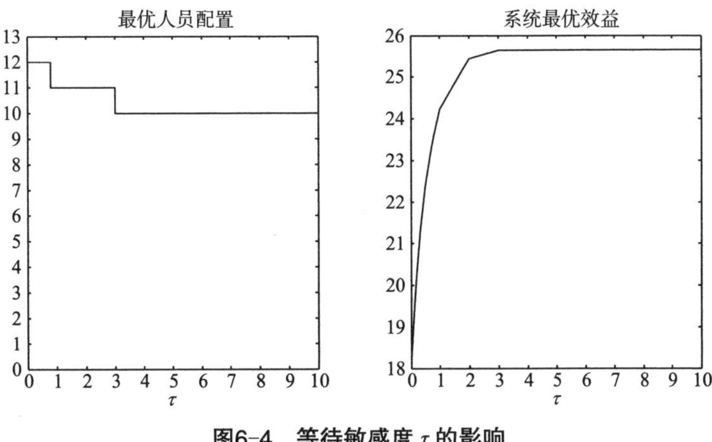

图6-4　等待敏感度 τ 的影响

Fig. 6-4　Impact of the sensitivity to waiting time τ

6.3　等待提醒模式下考虑顾客满意度的期望效用模型

通过 6.2 节对“无等待提醒模式下考虑顾客满意度的人员配置模型”的构造与求解，可以了解顾客“重复选择”满意度对呼叫中心的最优人员配置与系统效益的影响规律。参照第五章所提出的等待通过模式下考虑顾客耐心随机变化的人员配置模型，本节研究了带排队等待信息提醒的单技能呼叫中心，在充分考虑顾客“重复选择”满意度的因素基础上，重新构造等待提醒模式下的期望效用模型，并给出了基于固定点算法的求解方法。

6.3.1　问题假设与参数

考虑一个带排队等待信息提醒的单技能多服务台呼叫中心，模型记为 M/M/s+M。参照第五章给出的提醒等待近似定义及相应的假设条件，排队规则为先到先服务（FCFS），具体使用的符号说明如下：

λ_e：顾客均衡呼叫到达率，服从泊松分布

s：坐席人员数

μ：呼叫服务率，服从指数分布

ρ：系统负荷（$\rho=\lambda_e / s\mu$）

α：直接退出概率（极端不耐烦顾客）

T：顾客初始耐心时间阈值，服从分布率为 γ 的指数分布

T'：顾客获得提醒等待时间后，变化后的耐心时间阈值，服从分布率为 γ' 的指数分布

n：系统队列中等待的顾客数（$n \geqslant 0$）

d_n：系统队列中已有 n 个顾客等待时，此时新到达顾客的提醒等待时间

D_n：系统队列中已有 n 个顾客等待时，此时新到达顾客的近似虚拟等待时间

β：提醒等待时间可靠性，其中 $\beta = P\left(D_n < d_n\right)$

θ：顾客耐心变化系数

此外，顾客直接放弃，中途放弃以及提醒等待时间近似依然具备如下假设构造过程：对于一个新到达的顾客，当系统队列中顾客数量小于 s，该顾客立即得到服务；否则，如果所有坐席人员都在忙，部分客户选择直接退出，概率为 α；剩余顾客在等待排队时间提醒（等待提醒产生时间忽略不计），当提醒的排队时间大于顾客耐心值，则选择“等待提醒直接退出”，概率为 $p^b(n)$，如式（6.18）所示：

$$p^b(n) = P(T < d_n) = 1 - e^{-\gamma d_n} \tag{6.18}$$

接受提醒时间的剩余顾客选择进入系统队列等待，以上过程为等待提醒后顾客产生的“直接放弃”的顾客行为变化。此外，顾客进入队列后，依据所研究的等待时间提醒模式特点，通过顾客新耐心值 T' 和队列中途放弃条件概率 $r_n(\theta)$ 的近似处理：

顾客获得排队信息之后，原有耐心值 T 将发生变化，产生新的耐心值 [81]，即最大愿意等待时间由 T 变为 T'，假设 T' 近似服从参数为 θ' 的指数分布，θ' 为“进入排队顾客”中途放弃率。具体地，队列位置中的顾客耐心变化表

达如式（6.19）所示：

$$t_k' = \theta t_k + (1-\theta)d_n \quad (6.19)$$

其中，t_k 代表初始的 k 顾客耐心时间阈值，t_k' 代表更新的 k 顾客耐心时间阈值，φ 为听到排队信息提醒后的顾客耐心变化系数。从式（6.19）可以看出，当 θ=1 时表示顾客忽略了提醒的排队等待信息，等待耐心不发生变化；而当 θ=0 表示顾客耐心调整为最新的排队提醒时间。本章忽略顾客耐心值 T 小于提醒排队时间 w_n 的情况，所以不存在 $\theta < 0$。文献[81]假设所有顾客具有常数的耐心变化系数，而实际上顾客耐心变化系数应该是随机变化的，本章假设 θ 是随机变量，服从均匀分布 $U(a,b)$。

顾客虚拟等待时间 D_n 作为新更新顾客耐心 γ' 影响下的变量，是指新进入排队系统的顾客在获得服务之前的等待时间，对这个新到达且具有无穷大耐心的顾客来说，直到前面的顾客离开队列他才能得到服务，等待时间 D_n 是纯灭的随机过程。变量 D_n 是从状态 s+n+1 到达吸收态 s 的等待时间，因此，D_n 的分布是参数为 $s\mu$，$s\mu+2\gamma'$，…，$s\mu+n\gamma'$ 的 n+1 个独立同指数分布的卷积，服从“亚指数分布”。设 g_n（t）是 D_n 的概率密度函数，G_n（t）是 D_n 的累计分布函数，E（D_n）是 D_n 的期望值：

$$\begin{aligned} g_n(t) &= \sum_{i=0}^{n}\left(\prod_{j=0,j\neq i}^{n}\frac{s\mu+j\gamma'}{(j-i)\gamma'}\right)(s\mu+i\gamma')e^{-(s\mu+i\gamma')t}, \\ G_n(t) &= 1-\sum_{i=0}^{n}\left(\prod_{j=0,j\neq i}^{n}\frac{s\mu+j\gamma'}{(j-i)\gamma'}\right)e^{-(s\mu+i\gamma')t}, t\geqslant 0, \end{aligned} \quad (6.20)$$

$$E(D_n) = \sum_{i=0}^{n}\frac{1}{s\mu+i\gamma'} \quad (6.21)$$

因此，可以得到提醒等待时间 d_n，如式（6.22）所示：

$$d_n = G_n^{-1}(\beta) \quad (6.22)$$

通过以上假设，可以获得中途放弃条件概率 r_n（θ），其代表第 n+1 个顾客在听到排队提醒信息之后，在队列中选择中途放弃的条件概率，可以表示为：

$$r_n(\theta)=P\left(T'<D_n\middle|T>d_n\right) \tag{6.23}$$

参照 5.2 节中的 r_n（θ）的推导方法，可得 θ 为常数值时 r_n（θ）表达式为：

$$r_n(\theta)=1-\beta-\sum_{i=0}^{n}\left(\prod_{j=0,\,j\neq i}^{n}\frac{s\mu+j\gamma'}{(j-i)\gamma'}\right)\frac{s\mu+i\gamma'}{s\mu+\dfrac{\gamma}{\theta}+i\gamma'}e^{-(s\mu+i\gamma')d_n} \tag{6.24}$$

当 θ 服从均匀分布 $U(a,b)$ 时得到如下公式：

$$\begin{aligned}r_n(\theta)&=\frac{1}{b-a}\int_a^b\left(1-\beta-\sum_{i=0}^{n}\left(\prod_{j=0,\,j\neq i}^{n}\frac{s\mu+j\gamma'}{(j-i)\gamma'}\right)\frac{s\mu+i\gamma'}{s\mu+\dfrac{\gamma}{\theta}+i\gamma'}e^{-(s\mu+i\gamma')d_n}\right)\mathrm{d}\theta\\&=1-\beta-\sum_{i=0}^{n}\left(\prod_{j=0,\,j\neq i}^{n}\frac{s\mu+j\gamma'}{(j-i)\gamma'}\right)\frac{s\mu+i\gamma'}{s\mu+\dfrac{\gamma}{\theta}+i\gamma'}e^{-(s\mu+i\gamma')d_n}\\&\quad\cdot\left(1-\frac{\gamma}{(b-a)\cdot(s\mu+i\gamma')}\cdot\ln\left(((b-a)\cdot(s\mu+i\gamma')+\gamma)\big/\gamma\right)\right)\end{aligned} \tag{6.25}$$

此外，本节选取 5.3 节中定义变量提醒等待满意度 P_c：选择接受提醒时间而进入队列等待服务的顾客，在获得服务后，会对提醒的等待时间做相应的评价，当实际等待时间大于提醒时间时，即使顾客已经接受服务，仍然对呼叫中心产生不满情绪，影响后续的呼叫选择。因此，该情形下获得服务的顾客，实际等待时间小于提醒时间的顾客比例为"提醒等待满意度 P_c"，如式（6.26）所示：

$$P_{\mathrm{c}}=P\left(\frac{\text{实际等待时间}}{\text{通告时间}}\leqslant 1\middle|\text{进入服务}\right) \tag{6.26}$$

具体地，在该近似的提醒排队模型中，P_c 作为条件概率，由无等待直接获得服务顾客概率 P^I 和进入队列后的条件概率 P_{c1} 组成，如式（6.27）所示：

$$P_{\mathrm{c}}=P^I+P_{\mathrm{c1}} \tag{6.27}$$

其中，P^I 由小于 s 稳态概率计算而得，$P^I=\sum_{i=0}^{s-1}p(i)$；在 P_{c1} 中，顾客接受提醒时间条件下，获得服务且对提醒时间满意的概率为：

$$\begin{aligned} & P(D_n \leqslant d_n \mid \theta t_k + (1-\theta) d_n \geqslant D_n) \\ = & P(D_n \leqslant d_n) \\ = & \beta \end{aligned} \tag{6.28}$$

计算 P_c 为：

$$P_{\mathrm{c}} = P^I + \beta \cdot \sum_{n=0}^{\infty} (1-\alpha)(1-p^b(n)) p(s+n) \tag{6.29}$$

通过以上的模型构造，可得该提醒排队模型的顾客放弃的中间变量，并且通过相应的生灭模型的分析，可以获得系统的稳态概率 $p(i)$，同时，与 5.2 同样的处理方法，利用 PASTA（Poison Arrivals See Time Averages）[127]，可以得到系统稳态状态下的，等待服务的平均顾客数 L_q，顾客直接退出的概率 P^B，顾客中途放弃的概率 P^R，顾客得到服务的概率 P^S，同时，将获得服务的顾客 P^S 拆分为对提醒满意的顾客 P_c 以及提醒不满意顾客 P_c'，

$$\begin{aligned} & p^B = \sum_{n=0}^{\infty} p^B(n) p(s+n) \quad p^R = \frac{\gamma' L_q}{\lambda_{\mathrm{e}}} \\ & p^S = 1 - p^B - p^R \quad P_{\mathrm{c}}' = p^S - P_{\mathrm{c}} \end{aligned} \tag{6.30}$$

最后，为了求解顾客提醒后的耐心时间分布 γ'，在以上性能指标计算公式基础上，参照 5.2.3 的求解过程，采用基于固定点法 [129] 和二分法的求解方法求得近似后的 γ'，从而获得所有的系统性能。

6.3.2 考虑多种顾客“重复选择”满意度的期望收益模型与求解

同样从 6.2.2 中的效益最大化角度出发，考虑以售卖服务或者商品为职能的呼叫中心背景，此类呼叫中心不同于“售后服务”以及“技术支持”的呼叫中心，具备顾客重复选择以及企业收益的现实情景。基于此假设，顾客的重复购买率依赖于最近的服务经历，相比于低满意度顾客，满意度高的顾客具备更高的重复选择率 [36, 149]。同时，针对等待提醒的模式特点，顾客对等待提醒的满意度同样影响重复选择率 [80, 89]。本节参照文献 [36] 与文献 [40] 提出的考虑顾客满意度重复选择的确定性排队模型以及文献 [150] 的重拨排队模型，构建顾客均衡到达率 λ_e 为：

$$\lambda_e=\lambda_{new}+\left(c_1P_c+c_2P_c'+c_3p^B+c_4p^R\right)\lambda_e \tag{6.31}$$

c_i 代表顾客下一阶段选择的潜在概率，对应地，（$1-c_i$）代表下阶段不选择的概率，在现实呼叫中心中，c_i 依赖于呼叫中心服务的特有性能，其中 $c_i\in[0,1]$。例如，具有订票服务的呼叫中心，高满意度后的 c_i 选择频率自然较高。参数 i 代表此阶段影响重复选择满意度的行为。对于提醒满意度的重复选择来说，顾客获得比自身等待时间长的提醒信息将导致对呼叫中心的提醒不信任，从而导致 $c_1\geqslant c_2$。对于两类放弃行为的重复选择满意度来说，直接退出的顾客是没有任何等待而离开，而中途放弃的顾客经历了一段等待没有获得服务，所以现实情况中途放弃的顾客具有更低的满意度，从而导致 $c_3\geqslant c_4$。λ_{new} 代表首次选择呼叫中心服务的顾客，其作为常量与呼叫中心的自身属性有关。

进一步地，式（6.31）模型参见 Baskett 等 [151] 证明的多等级商品网络模型，使得该排队模型的静态行为不依赖于顾客重复选择的分布，因此，可以通过求解式（6.31）中的 λ_e，获得呼叫中心的服务收益表达。通过以 λ_e 为自变量的连续函数变量 f 表达式（6.31），可得：

$$f\left(\lambda_e\right)=\frac{\lambda_{new}}{1-\left(c_1P_c+c_2P_c'+c_3p^B+c_4p^R\right)}=\lambda_e \tag{6.32}$$

其中，P_c，P_c'，p^B 和 p^R 作为 λ_e 的函数。本节采用一类固定点算法 [129] 求解式（6.32）中唯一的变量 λ_e。固定点算法的流程如下：

步骤 1　参数初始化，$\lambda_e^{(0)}\leftarrow\lambda_0, i\leftarrow 0, \varepsilon$。

步骤 2　当 $\left|\dfrac{\lambda_e^{(i)}-\lambda_e^{(i-1)}}{\lambda_e^{(i-1)}}\right|>\varepsilon$ 时，

计算 $\lambda_e=f\left(\lambda_e\right)$ 方程右边，其中计算公式如下：

$$\lambda_e^{(i)}=\lambda_{new}+\left(c_1P_c+c_2\left(p^S-P_c\right)+c_3p^B+c_4p^R\right)\lambda_e^{(i-1)}$$

其中，P_c，P_c'，p^B 和 p^R 根据 $\lambda_e^{(i-1)}$ 获得。

步骤 3　更新 $\lambda_e^{(i)}$。

步骤 4　循环次数 +1，然后返回步骤 2。

根据固定点算法，可以计算均衡的顾客到达率。因此，下面提出呼叫中心的期望效用模型，目标求得使得呼叫中心效用最大化的最优提醒可靠性与最少的坐席人员数，

$$TR=\max_{\beta,s}\left\{p^S\cdot\lambda_e\left(\beta,s\right)\right\} \tag{6.33}$$

该模型目标函数为系统期望效用 TR，$p^S\ \lambda_e\left(\beta,s\right)$ 代表呼叫中心的效用值，包含系统均衡到达率，即“重复选择”满意度影响下的有效呼叫中心效用值。给定提醒可靠性 β 与坐席人员数 s，则 λ_e 与 p^S 都可相应的函数表达。由于坐席人员 s 与可靠性 β 的整数特征，本节选取枚举法求解式（6.33）的最优值。

6.3.3　数值实验与影响因素分析

本节数值实验主要分为两个部分，首先分析了等待提醒模式下不同的顾客“重复选择”满意度对系统效用的影响，然后分析了考虑“重复选择”满意度条件下提醒可靠性与人员配置对系统期望效用值的影响规律。计算过程算法利用MATLAB编程实现，在CPU为Intel Core 2（2.67 GHz），内存为2GB的计算机上运行。实验全局参数为 α=0.05，γ=0.5，μ =1。

6.3.3.1　等待提醒模式下顾客“重复选择”满意度对系统效用影响

本节利用枚举法求解系统最优的人员配置数量，从三种不同的场景下，无“重复选择”、低“重复选择”以及高“重复选择”三类模型对系统效用的影响。选取 λ_{new} =10 和（a，b）=（0，1/3）。

首先，如果所有顾客行为“重复选择”的潜在概率 $c_1=c_2=c_3=c_4=0$，那么顾客的均衡到达率则为初始到达，即传统的无“重复选择”行为的呼叫系统。如图 6-5 所示，给出了不同规模的坐席人员配置 $s\in\{5,10,20,30\}$ 和提醒可靠性下，无“重复选择”模型的系统效用变化。随着 β 的增加，系统的效用整体增加，原因是无“重复选择”的提醒呼叫系统效用仅受到顾客得到服务率 p^S 的影响，从而 β 直接导致系统效用的上升。此外，无“重复选择”的系统背景下，坐席人员的规模直接影响系统负荷程度，当 $s\in\{20,30\}$，系统 p^S 接近 1，因此大规模坐席人员安排下的系统效用受提醒可靠性影响较小。

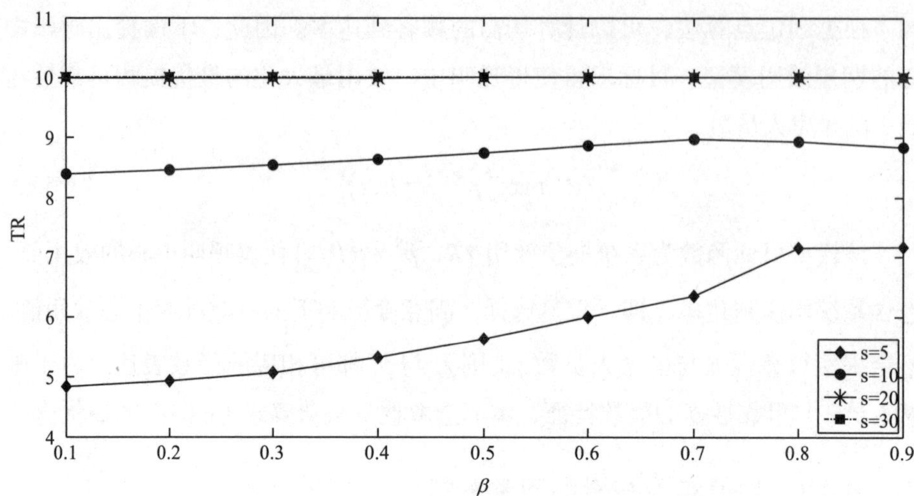

图6-5 无“重复选择”下的呼叫中心效用变化

Fig. 6-5 Call center utility without repeat behavior

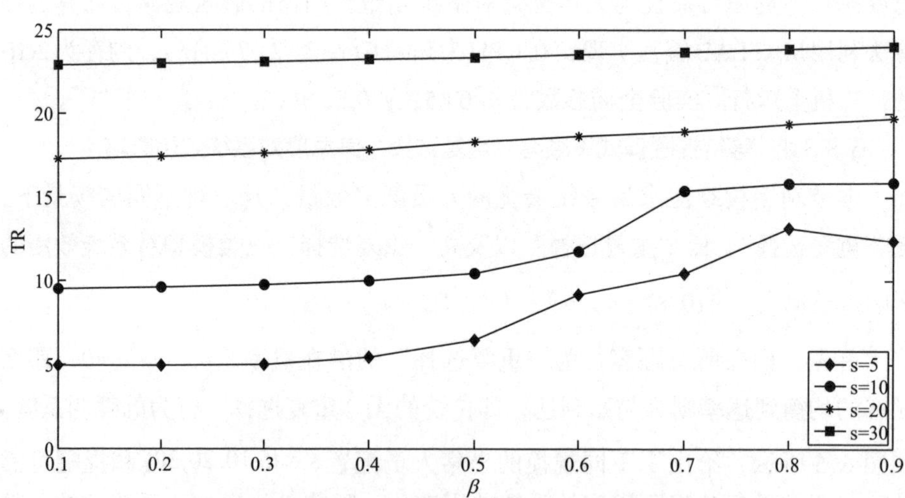

图6-6 高“重复选择”下的呼叫中心效用变化

Fig. 6-6 Call center utility with heavy repeat behavior

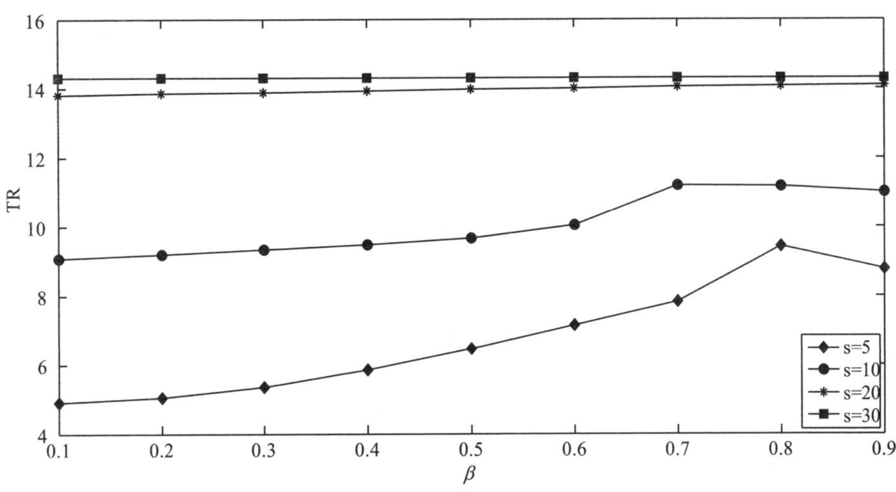

图6-7　低“重复选择”下的呼叫中心效用变化

Fig. 6-7　Call center utility with light repeat behavior

其次，不同类型的呼叫中心顾客对等待经历的敏感度也不尽相同。本节考察了当顾客呈现两类不同程度的潜在“重复选择”概率时，呼叫系统效用的变化趋势。如图 6-6 与图 6-7 所示，将系统分为高“重复选择”（c_1=0.6，c_2=0.2，c_3=0.3，c_4=0.1）与低“重复选择”（c_1=0.3，c_2=0.1，c_3=0.2，c_4=0）两类，并给出了不同规模的坐席人员配置 $s\in\{5,10,20,30\}$ 和提醒可靠性对两类系统效用的影响，此时呼叫中心的效用值依赖 λ_e 与 p^S 的共同作用。在图 6-6 中，高“重复选择”的系统效用值随着 β 的增加，系统的效用整体增加。同时，由于重复选择率高，那么坐席人员配置水平的提高也会增加更多满意的顾客且给呼叫中心带来更高的效用值。对比地，在图 6-7 中，低“重复选择”的系统效用值具有相同的变化趋势。然而，与无“重复选择”的系统类似，当配置大规模坐席人员时 $s\in\{20,30\}$，由于“重复选择”顾客数量有限，满意顾客到达上限，此时系统效用受提醒可靠性与增加的坐席人员影响较小。

6.3.3.2　人员配置水平对系统效用的影响

本节考察不同的人员配置水平下，最优的提醒可靠性与系统效用变化规律。选取 λ_{new} =10 和（a，b）=（0，1/3），同时顾客“重复选择”系数分别为高“重复选择”（c_1=0.6，c_2=0.2，c_3=0.3，c_4=0.1）与低“重复选择”（c_1=0.3，c_2=0.1，c_3=0.2，c_4=0）。

如图 6-8 所示，随着人员配置水平增加，系统为了获得最优的效用需要不断地提高相应的提醒可靠性。尤其针对高“重复选择”的系统，高提醒信息满意度水平对系统效益的增加更为重要，由 5.3.3 节的结论可知，提醒可靠性越高，则系统的提醒信息满意度越高，因此，高“重复选择”的系统需要相对高的提醒可靠性设置。同样地，当坐席人员水平达到一定程度，满意顾客到达上限，两类系统的效用值将保持不变。

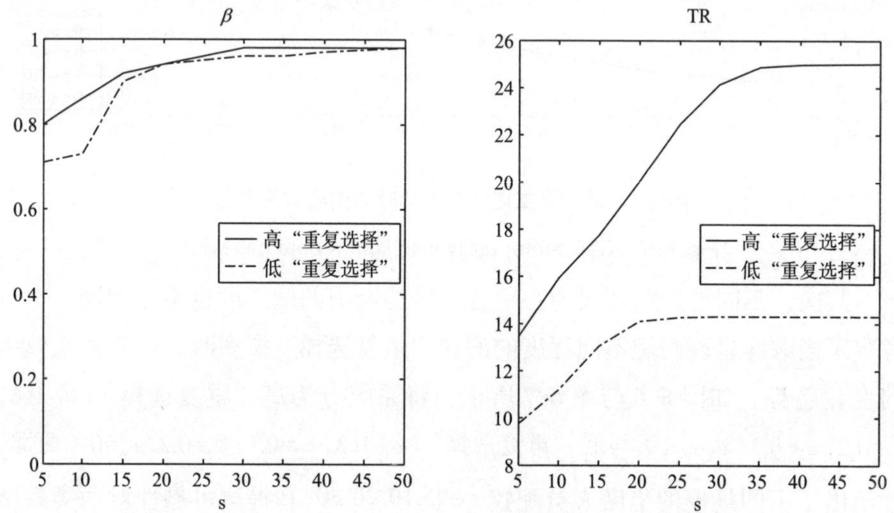

图6-8　不同人员配置水平下系统的最优提醒可靠性与效用值

Fig. 6-8　Relative optimal β and system utility under different staffing levels

6.4　本章小结

本章针对一类无提醒等待时间的呼叫中心，在考虑顾客等待满意度与“重复选择”行为的关联基础上，利用排队分析的方法，构建了以呼叫中心期望效益最大化为目标的人力资源配置模型。然后，充分考虑顾客等待满意度因素基础上，针对等待时间提醒模式下的呼叫中心，重新构建了以呼叫中心期望效用最大化为目标的提醒可靠性与人力资源配置共同决策模型。通过数值实验分析，得出如下两个结论：

首先，通过“无等待提醒模式下考虑顾客满意度的人员配置模型”数值实验结果的分析发现：顾客“重复选择”满意度对呼叫中心期望收益有明显的影响，而坐席人员对呼叫中心产生收益的边际效用随着初始顾客到达的增加逐渐降低。同时，相对低的顾客等待敏感度使得呼叫中心在一定程度上可以配置更少的坐席人员。

其次，通过“等待提醒模式下考虑顾客满意度的期望效用模型”数值实验结果的分析发现：顾客“重复选择”满意度对等待提醒模式下的呼叫中心期望效用有明显的影响，高“重复选择”的呼叫系统需要相对高的提醒可靠性设置，同样大规模坐席人员的呼叫系统也需要高的提醒可靠性设置。

第七章　基于流体近似方法的呼叫中心人员配置模型

7.1 引　言

针对现实中呼叫到达非平稳性的特点，近年来涌现大量利用近似方法求解呼叫中心性能的研究文献。相比排队论和数学规划对模型假设和函数形式有严格的限制，且无法同时分析多个环境因素交互影响，近似优化和仿真优化的优点是可以模拟复杂的呼叫排队系统，能考虑更多与顾客及员工行为相关的可变因素，同时可以有效处理大规模高负荷呼叫中心的运作问题。近似方法通过模拟流体运动、马尔可夫过程等随机过程的特点，然后通过随机过程的样本均值近似待优化的性能指标，用以进一步优化，目前针对呼叫排队服务系统的常用近似方法包括；平方根人力安全保障法 [95]，流体近似方法 [118]，马尔可夫近似法 [126]，改进的工作负载（Modified Offered Load，MOL）近似方法 [112] 等。类似地，仿真也是通过随机试验的样本均值近似待优化的度量指标，仿真优化对算法的收敛速度有较高要求 [153]。其中，仿真优化算法可以归纳为随机优化方法、基于梯度的方法、响应曲面法、统计法和启发式方法。

本节的研究主要针对带有延迟提醒的现实背景，考虑顾客与员工的行为因素对呼叫系统运作的影响，设计适用于带等待提醒的呼叫中心的人力资源调度方案，主要采用基于近似理论的模型构建方法，即基于流体近似方法的呼叫中心人员配置模型。流体近似（Fluid Approximation）已成为近年来运筹学领域关注的热点和前沿课题，也是解决服务系统调度问题，特别是复杂的具有非平稳性和非马尔可夫到达和服务分布的实际问题的一种高效方法。目前，在呼叫服务系统领域，该优化方法主要应用于呼叫服务系统性能计算以及呼叫坐席人员的排班问题，应用范围较窄，并没有在带有等待提醒的呼叫中心运作管理领域有所突破。

基于流体近似的方法可以用于近似排队论模型无法处理的因素及条件，用大数定理的平均特征近似整个服务系统，从而可以帮助呼叫中心管理者改善呼叫排队系统性能指标。流体近似方法主要有两类，一类是用流体近似模型来评估不同呼叫服务系统的性能指标或是研究不同的性能评价指标与可变因素之间的关系，通常情况下，此类问题在近似之后将与仿真模型、排队模型进行性能对比，从而验证近似方法的可靠性及有效性；另一类是使用流体近似模型与优化算法相结合进而优化一系列指定的呼叫系统性能指标，从而帮助呼叫中心管理者进行管理调度等安排。具体地，早期利用流体模型研究呼叫中心运作管理问题中，Whitt[117，118] 率先提出了利用流体模型进行高负荷型呼叫中心性能计算、带有路由策略的人力资源配置问题等模型应用，并且考虑了不确定到达及坐席人员缺席等因素。Jimenez 和 Koole[115] 利用连续型流体近似方法求解了时变呼叫中心的人力资源配置问题，并且通过仿真对比验证了流体近似方法的精确性。Harrison 和 Zeevi[116] 等利用一类流体近似模型，通过静态随机规划求解了呼叫中心柔性人员配置问题。Gurvich 等 [119] 利用流体模型近似了一类大规模多层级的呼叫中心，并且通过机会限制规划方法求解了相应的人员配置问题。Randhawa[154] 利用确定性流体模型研究了复杂排队系统的人员配置问题。此外，Behzad 和 Tezcan[155] 利用流体近似的方法进行了呼叫中心的等待提醒模式的设计问题研究。

以上研究大多仅从近似角度进行传统呼叫中心系统的性能计算，很少使用优化算法搜索用以人力资源调度更好的解，或者在近似过程中没有考虑现实中已经必备的带有延迟提醒的服务过程，直接简单地忽略现实的因素，使得方法的实用性有所限制。实际上，等待提醒对呼叫系统性能影响极大，本节力图利用流体近似方法便于描述大规模复杂排队网络系统的优势，考虑等待提醒对系统对呼叫中心人力资源调度方案的影响，给出高效的优化决策方案。

另外，考虑顾客重拨行为的呼叫排队系统性能研究，是呼叫中心排队模型研究中的一类重要问题。针对不同类型的呼叫排队系统，如何利用近似方法构造相应的顾客行为，从而求解性能指标是该研究问题的关键。Shin 等[156,157]利用一类马尔可夫分析方法分析了 M/M/s 排队系统以及考虑顾客不耐烦的排队系统中，顾客重拨行为对系统性能的影响。Roubos 和 Bhulai[158]利用了一类动态规划方法分析了时变排队系统中的顾客重拨行为影响。然而，由于顾客不耐烦行为与重拨行为的复杂性以及传统排队方法的限制，目前还没有针对等待提醒模式下呼叫排队系统，考虑顾客重拨行为影响的相关研究。综合以上因素，本章在以上研究成果基础上，针对带有排队等待信息提醒的呼叫排队系统，考虑顾客重拨行为与放弃行为对于呼叫中心性能的影响，利用一类连续型流体近似方法建立了呼叫中心排队模型，并且求解稳态条件下的系统性能指标。然后，利用流体方法进行重拨行为影响下的现实需求预测分析以及人员配置问题研究。

7.2 等待提醒模式下考虑顾客重拨行为的排队模型

7.2.1 问题假设与符号

考虑一个带排队等待信息提醒的单技能多服务台呼叫中心，排队规则为先到先服务（FCFS），呼叫中心排队服务流程如图 7.1 所示。假设呼叫中心有 s 个服务台，顾客首次呼叫到达服从参数为 λ 的泊松分布，坐席人员服务时间服从参数为 μ 的指数分布，n 为等待服务队列中的顾客数（$n \geqslant 0$）。其中顾客打电话时的初始耐心值为 T，即最大愿意等待的时间，服从参数为 γ 的指数分布。对于一个新到达的顾客，当系统队列中顾客数量小于空闲服务台个数时，该顾客立即得到服务。否则，顾客可能选择直接退出，概率为 α_0，该部分直接退出顾客为极端不耐烦顾客，并且该部分直接退出顾客将有的比例 p 进行重拨，且返回时间服从参数为 δ 的指数分布。然后剩余顾客在等待提醒需要排队的时间，当提醒的排队时间大于顾客耐心值，则选择退出，概率为 $p^B(n)$，该部分直接退出概率为呼叫中心提醒时间所调节概率，同时该部分顾客也将具有相同的比例 p 进行重拨，且返回时间服从参数为 δ 的指数分布。接下来，剩余的顾客接受提醒时间进入等待队列，更新耐心时间为 T'，假设 T' 近似服从参数为 γ' 的指数分布，如果该部分顾客根据新的耐心值等待后选择放弃则称为中途放弃行为，同样地，该部分中途放弃顾客将有的比例 p 进行重拨，且返回时间服从参数为 δ 的指数分布。

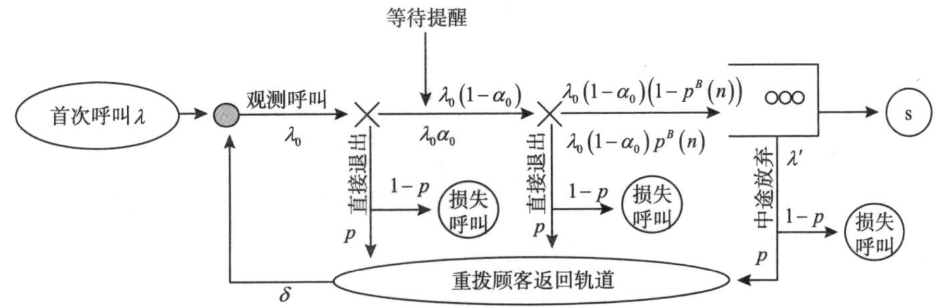

图7-1　带排队信息提醒、直接退出、中途放弃，重拨的呼叫中心

Fig. 7-1　A call center with delay information，balking，reneging，and retrial

具体使用的符号说明如下：

λ：顾客首次呼叫到达率，服从泊松分布

λ_0：被观测顾客呼叫到达率，服从泊松分布，包含重拨到达

s：坐席人员数

μ：呼叫服务率，服从指数分布

n：系统队列中等待的顾客数（$n \geqslant 0$）

α_0：直接退出概率（极端不耐烦顾客）

$p^B(n)$：直接退出概率（根据提醒信息产生）

T：顾客初始耐心时间阈值，服从分布率为 γ 的指数分布

T'：顾客获得提醒等待时间后，变化后的耐心时间阈值，服从分布率为 γ' 的指数分布

p：直接退出与中途放弃顾客重拨概率

δ：直接退出与中途放弃顾客重拨返回时间分布率

ρ：系统负荷（$\rho=\lambda/s\mu$）

需要注意的是，被观测顾客呼叫到达率 λ_0 由首次到达与重拨到达两部分组成，且本章排队系统假设二者相互独立。

7.2.2 等待提醒模式

在等待时间提醒模式下，本节所近似的顾客虚拟等待时间为 D_n 和提醒给顾客的等待时间为 d_n。参照 3.2 节提出的提醒可靠性决策模型，令 β 代表可靠性概率，即通过近似出的顾客虚拟排队等待时间 D_n 不超过提醒排队等待时间 d_n 的概率，以及提醒时间产生的直接退出，如式（7.1）和式（7.2）所示。

$$\beta = P\left(D_n < d_n\right) \tag{7.1}$$

$$p^B(n) = P(T < d_n) = 1 - e^{-\gamma d_n} \tag{7.2}$$

接受提醒时间的剩余顾客选择进入系统队列等待，以上概念图 7.1 中等待提醒产生的“直接退出”的顾客行为变化。此外，顾客进入队列后，依据所研究的等待时间提醒模式特点，通过顾客新耐心值 T' 和队列中途放弃条件概率 $r_n(\theta)$ 的近似处理，本节得到新的提醒等待时间近似模型，具体变量处理如下：

（1）顾客新耐心值 T'。顾客获得排队信息之后，原有耐心值 T 将发生变化，产生新的耐心值 [81]，即最大愿意等待时间由 T 变为 T'，假设 T' 近似服从参数为 γ' 的指数分布，γ' 为“进入排队顾客”中途放弃率。具体地，队列位置中的顾客耐心设置如式（7.3）所示：

$$t_k' = \theta t_k + (1-\theta) d_n \tag{7.3}$$

其中，t_k 代表初始的顾客耐心时间阈值，t_k' 代表更新的顾客耐心时间阈值，θ 为听到排队信息提醒后的顾客耐心变化系数。本章忽略顾客耐心值 T 小于提醒排队时间 d_n 的情况，所以 $\theta \geqslant 0$。

另外，顾客虚拟等待时间 D_n 作为新更新顾客耐心 γ' 影响下的变量，是指新进入排队系统的顾客在获得服务之前的等待时间，对一个新到达的顾客来说，直到前面的顾客离开队列他才能得到服务，等待时间 D_n 是纯灭的随机过程。变量 D_n 是从状态 $s+n+1$ 到达吸收态 s 的等待时间，因此，D_n 的分布是参数为 $s\mu$，$s\mu+2\gamma'$，…，$s\mu+\gamma\theta'$ 的 $n+1$ 个独立同指数分布的卷积，服从“亚指数分布”。设 $g_n(t)$ 是 D_n 的概率密度函数，$G_n(t)$ 是 D_n 的累计分布函数，$E(D_n)$ 是 D_n 的期望值：

$$g_n(t)=\sum_{i=0}^{n}\left(\prod_{j=0,j\neq i}^{n}\frac{s\mu+j\gamma'}{(j-i)\gamma'}\right)(s\mu+i\gamma')e^{-(s\mu+i\gamma')t},$$
$$G_n(t)=1-\sum_{i=0}^{n}\left(\prod_{j=0,j\neq i}^{n}\frac{s\mu+j\gamma'}{(j-i)\gamma'}\right)e^{-(s\mu+i\gamma')t},t\geqslant 0, \quad (7.4)$$

$$E(D_n)=\sum_{i=0}^{n}\frac{1}{s\mu+i\gamma'} \quad (7.5)$$

由式（7.1）和式（7.4）可以得到提醒等待时间 d_n，如式（7.6）所示：

$$d_n=G_n^{-1}(\beta) \quad (7.6)$$

提醒直接退出概率可以改写成：

$$p^B(n)=P(T<d_n)=1-e^{-\gamma G_n^{-1}(\beta)} \quad (7.7)$$

3.2 节提出的提醒可靠性决策模型给出了 β 对顾客行为的影响，本节为了重点研究带有重拨顾客行为的提醒排队模型特征，提醒时间 d_n 选定为近似的平均等待时间 $E(D_n)$，因此会产生确定的可靠性 $\beta_{AVG,n}$，且随着顾客在队列中的位置而变化，

$$\beta_{AVG,n}=P\big(D_n<E(D_n)\big)=G_n\big(E(D_n)\big) \quad (7.8)$$

综上，通过以上两种描述，可以获得顾客初始耐心时间 T 与更新耐心时间 T' 的关联，本章假设 T' 依然服从分布率为 γ' 的指数分布，在之前的研究中，文献 [81] 验证了该假设的有效性，因此，本章在近似模型中依然选取该指数分布假设条件。

（2）队列中途放弃条件概率 $r_0(n)$。中途放弃条件概率 $r_0(n)$：代表第 n+1 个顾客在听到排队提醒信息之后，在队列中选择中途放弃的条件概率，可以表示为：

$$r_\theta(n)=P\big(T'<D_n\big|T>d_n\big) \quad (7.9)$$

基于以上假设，更新耐心分布率 γ' 依赖于提醒可靠性设置 $\beta_{AVG,n}$，因此中途放弃条件概率可以写为：

$$\begin{aligned} r_{\theta}(n) &= P(T' < D_n | T \geqslant d_n) \\ &= P(\theta t_k + (1-\theta) d_n < D_n | T \geqslant d_n) \\ &= 1 - \beta_{AVG,n} - \sum_{i=0}^{n} \left(\prod_{j=0, j \neq i}^{n} \frac{s\mu + j\gamma'}{(j-i)\gamma'} \right) \frac{s\mu + i\gamma'}{s\mu + \dfrac{\gamma}{\theta} + i\gamma'} e^{-(s\mu + i\gamma') d_n} \end{aligned} \tag{7.10}$$

综上，可以获知如何确定顾客的提醒等待时间，接下来利用一类确定型流体方法将等待提醒模式下考虑重拨行为的排队模型进行近似并且求解相应的性能指标。

7.3 基于确定型流体方法的呼叫排队模型近似与求解

7.3.1 等待提醒模式下考虑重拨行为的排队模型近似

由于重拨与顾客对提醒时间心理回应的现象存在，使得该排队模型的性能计算复杂，因此本节通过一类确定性流体方法将模型进行简化近似处理。具体步骤如下：

第一步，利用连续状态空间代替初始随机模型的离散状态空间，利用向量 $(x_1(t), x_2(t))$ 表示连续状态空间的状态变量，其中 $x_1(t)$ 代表在 $t(t \geqslant 0)$ 时刻现实空间缓冲区中系统人数，$x_2(t)$ 代表在 $t(t \geqslant 0)$ 时刻重拨顾客在虚拟空间轨道上的顾客人数，因此，系统的被观测顾客呼叫到达率可以写成：

$$\lambda_0(t) = \lambda(t) + \delta x_2(t) \tag{7.11}$$

其中，在 $t(t \geqslant 0)$ 时刻的进入流 $x_1(t)$ 依赖于三类行为因素：直接退出、中途放弃以及获得服务。首先，基于式（7.2）的定义，直接退出因素下 $x_1(t)$ 的进入率可以写作：$(1-\alpha_0)(1-p^B(x_1(t)-s))\lambda_0(t)$，其中，$p^B(x_1(t)-s)$ 代表当

$t(t \geqslant 0)$ 时刻时，现实空间缓冲区中系统人数为 $x_1(t)$ 的直接退出概率。

第二步，针对中途放弃因素下 $x_1(t)$ 的降低率，同样利用 7.2.2 节中提醒时间构造的方法分为两类表达方法：顾客更新耐心的指数假设 $\gamma' Max(x_1(t)-s,0)$ 与中途放弃的条件概率 $(1-\alpha_0)(1-p^B(x_1(t)-s))r_\theta(x_1(t)-s)\lambda_0(t)$，其中，$r_\theta(x_1(t)-s)$ 代表当 $t(t \geqslant 0)$ 时刻时，现实空间缓冲区中系统人数为 $x_1(t)$ 的中途放弃概率。因此可得等式：

$$\gamma' Max(x_1(t)-s,0)=(1-\alpha_0)(1-p^B(x_1(t)-s))r_\theta(x_1(t)-s)\lambda_0(t) \qquad (7.12)$$

第三步，针对获得服务因素下 $x_1(t)$ 的降低率，可以写作 $\propto Min(x_1(t),s)$。因此，现实空间缓冲区中系统人数 $x_1(t)$ 的总变化率如下：

$$\frac{\mathrm{d}x_1}{\mathrm{d}t}=(1-\alpha_0)(1-p^B(x_1(t)-s))\lambda_0(t)-\gamma' Max(x_1(t)-s,0)-\mu Min(x_1(t),s) \qquad (7.13)$$

对应地，重拨顾客在虚拟空间轨道上的顾客人数 $x_2(t)$ 的总变化率为

$$\frac{\mathrm{d}x_2}{\mathrm{d}t}=p\Big((\alpha_0+(1-\alpha_0)p^B(x_1(t)-s))\lambda_0(t)+\gamma' Max(x_1(t)-s,0)\Big)-\delta x_2(t) \qquad (7.14)$$

当系统达到平稳状态时，可得：

$$\lim_{t\to\infty}\frac{\mathrm{d}x_1}{\mathrm{d}t}=\lim_{t\to\infty}\frac{\mathrm{d}x_2}{\mathrm{d}t}=0 \qquad (7.15)$$

因此，可得稳态下两类系统的人数水平：

$$\begin{cases}\lim\limits_{t\to\infty}x_1(t)=x_1\\ \lim\limits_{t\to\infty}x_2(t)=x_2\end{cases} \qquad (7.16)$$

基于以上假设，当系统负荷 $\rho \leqslant 1$ 时，重拨顾客在虚拟空间轨道上的顾客人数 $x_2(t)$ 稳态水平为 0。在该场景下，流体近似方法无法准确提供重拨率的信息。因此，本章重点考虑超负荷 $\rho > 1$ 的场景，由此产生条件使得 $x_1 \geqslant s$，并且有 $Max(x_1-s,0)=x_1-s \quad Min(x_1,s)=s$。由此可以构造以 (γ',x_1,x_2) 为向量解的三阶方程组：

$$\begin{cases}\gamma'(x_1-s)=(1-\alpha_0)(1-p^B(x_1-s))r_\theta(x_1-s)\lambda_0\\ (1-\alpha_0)(1-p^B(x_1-s))\lambda_0-\gamma'(x_1-s)-\mu s=0\\ p\Big((\alpha_0+(1-\alpha_0)p^B(x_1-s))\lambda_0+\gamma'(x_1-s)\Big)-\delta x_2=0\end{cases} \qquad (7.17)$$

利用式（7.7）与式（7.10）将式（7.17）中直接退出条件概率 $p^{B}(x_1-s)$ 与中途放弃条件概率表达式 $r_\theta(x_1-s)$ 替换，同时利用式（7.11）替换被观测呼叫到达率 λ_0。因此，等待提醒模式下考虑顾客重拨行为排队模型的系统性能可以依靠求解式（7.17）中向量 (γ',x_1,x_2) 获得。

7.3.2 基于确定型流体方法的呼叫排队模型求解

针对上节流体近似方法的呼叫排队模型的求解问题，本节利用一类蒙特卡洛计算方法 [159, 160] 求解式（7.17）中向量解 (γ',x_1,x_2)，其中，令 f 为三阶方程组函数表达，且解向量为 y。算法步骤如下：

步骤 1 初始化 $i=0$。置最大搜索步数 N，步长向量 h，以及初始解 y_0，其中 $h=(h_1,h_2,h_3)$， $y_0=(y_{00},y_{01},y_{03})^T$ 。然后计算

$$F^{(0)}=f\left(y_0\right) \tag{7.18}$$

步骤 2 $i=i+1$。若 $i-N>0$，则 $h=h/2$，$i=0$。

步骤 3 产生正态分布的随机向量 y_1，其中， $y_1\sim N(y_0,\bullet)$， $\sum=diag(h_1,h_2,h_3)$；将 y_1 视为独立变量。然后计算

$$F^{(1)}=f\left(y_1+h\right) \tag{7.19}$$

步骤 4 若 $F^{(1)}\geqslant F^{(0)}$ ，则返回步骤 2；否则进入步骤 5。

步骤 5 若 $\left|F^{(1)}\right|\leqslant\varepsilon$ ，则 y_1 是方程组（7.17）的解；否则，令 $y_0=y_1$，然后转到步骤 2。

由此可以获得基于流体近似方法的呼叫排队模型所有近似变量。尽管本节无法给出该蒙特卡洛算法解的收敛性与唯一性，然而由于下面数值实验体现的一致性，本节忽略缺失部分。接下来利用求解的近似变量给出系统相应的性能指标：可以得到系统稳态状态下的顾客直接退出的概率 P^B，顾客中途放弃的概率 P^R，顾客获得服务的概率 P^S。值得注意的是，P^B 和 P^R 共同生成了顾客的重拨行为以及相应的稳态重拨率 T_r：

$$P^B=\alpha_0+(1-\alpha_0)p^B(x_1-s)\quad P^R=(1-\alpha_0)(1-p^B(x_1-s))r_\theta(x_1-s)\ ,$$
$$P^R=(1-\alpha_0)(1-p^B(x_1-s))r_\theta(x_1-s)\quad P^S=1-P^R-P^B\quad T_r=\delta x_2 \qquad (7.20)$$

7.4　基于确定型流体方法的近似排队模型验证

本节通过两类排队模型的不同求解方法对比验证了基于确定型流体方法的排队模型近似的有效性与精确度。首先，针对一类带有等待提醒的随机模型，通过确定型流体近似方法与马尔可夫方法两类方法的对比分析，验证了流体近似方法对解析方法的有效性；其次，针对 7.2 节中提出的等待提醒模式下考虑顾客重拨行为的复杂模型，通过确定型流体近似方法与仿真方法两类方法的对比分析，验证了流体近似方法对复杂模型的仿真方法有效性。其中，流体近似模型与随机模型采用 MATLAB 编程实现，仿真模型使用通用编程语言 C++，在 Microsoft Visual Studio 2012 开发环境下运行。以上模型数值实验均在 CPU 为 Intel Core 2（2.67 GHz），内存为 2GB 的计算机上运行。

7.4.1　基于马尔可夫方法的随机模型验证分析

针对文献[81]提出的等待提醒模式下排队模型，原始模型利用 PASTA（Possion Arrival See Time Averages）性质求解系统性能，然而当系统加入系统行为时，该方法则无法求解相应的性能指标。本节首先考虑无重拨行为的等待提醒排队系统，利用流体近似方法可知，系统状态变量仅有在$t(t\geqslant 0)$时刻现实空间缓冲区中系统人数 $x_1(t)$ ，并且此时顾客首次到达率 λ 即为被观测到达率。参照式（7.17）构造方法，可得无重拨行为的以(γ',x_1) 为向量解的二阶方程组：

$$\begin{cases}\gamma'(x_1-s)=(1-\alpha_0)(1-p^B(x_1-s))r_\theta(x_1-s)\lambda \\ (1-\alpha_0)(1-p^B(x_1-s))\lambda-\gamma'(x_1-s)-\mu s=0\end{cases} \quad (7.21)$$

按照式（7.17）的求解方法，可以获得该无重拨行为的等待提醒排队系统的性能指标 P^B 与 P^R。因此，在无重拨行为的等待提醒排队系统中，通过流体近似方法与文献[81]中解析方法求解的 P^B 与 P^R 比较，验证流体方法对该模型近似的有效性。定义顾客放弃行为相对误差值，如直接退出相对误差值为 $\left|P^B(\text{流体})-P^B(\text{随机})\right|/P^B(\text{随机})$，选取系统参数 μ=1，γ=0.8，θ=0.1，α_0=0.05，下面无特殊说明时，系统参数设置不变。

如表 7-1 所示，当系统人员配置水平固定为 s=20，通过改变到达率 λ 从而变换系统负荷 ρ，获得两类方法的顾客放弃行为误差结果。当系统负荷逐渐增大时，流体近似方法的相对误差值大幅降低，这说明流体近似方法随着系统负荷增加，精度不断增加直到趋于解析的方法。进一步地，直接退出的近似效果高于中途放弃的近似效果，原因可能是由于中途放弃行为需要包含中途放弃率 γ' 的两部分近似叠加，导致近似精度下降。

表7-1 关于无重拨行为的等待提醒排队系统的性能比较（s=20）

Table 7-1 A comparison of the approximation with respect to the delay information for s=20

ρ	P^B（流体）	P^B（随机）	% 误差	P^R（流体）	P^R（随机）	% 误差
110%	0.047	0.053	11.32	0.05	0.122	59.02
130%	0.113	0.108	4.63	0.115	0.153	24.84
150%	0.183	0.181	1.1	0.15	0.16	6.25
170%	0.257	0.255	0.78	0.155	0.161	3.73
190%	0.312	0.314	0.64	0.162	0.162	0

如表 7-2 所示，当系统负荷固定于 ρ =150%，然后观察人员配置水平 s 不断变化的流体方法的近似精度变化。当系统人员规模逐渐增大时，流体近似方法的误差值逐渐降低，然而变化幅度小于系统负荷产生的作用幅度。表 7-1 和表 7-2 说明系统负荷是流体方法近似效果的关键因素，且当系统的人员规模与负荷度较大时，流体方法近似效果较好。

表7-2　关于无重拨行为的等待提醒排队系统的性能比较（ρ =1.5）

Table 7-2　A comparison of the approximation with respect to the delay information for ρ =1.5

ρ	P^B（流体）	P^B（随机）	% 误差	P^R（流体）	P^R（随机）	% 误差
5	0.221	0.208	6.25	0.122	0.187	34.76
10	0.172	0.176	2.27	0.162	0.186	12.9
20	0.183	0.181	1.66	0.15	0.161	6.83
30	0.199	0.196	1.53	0.135	0.141	4.26
40	0.208	0.207	0.48	0.125	0.128	2.34
50	0.215	0.214	0.47	0.118	0.12	1.67

7.4.2　基于仿真方法的近似排队模型验证分析

由于文献[81]的马尔可夫方法无法求解考虑顾客重拨的等待提醒排队系统，因此，本节利用仿真方法构建该复杂排队系统，并且求得相应的性能指标，从而与流体近似方法下的系统指标进行对比验证分析。

7.4.2.1　基于仿真方法的排队模型构建

参照 4.4 节的仿真模型构建，本节利用通用编程语言 C++，依然采用的是离散事件仿真技术。具体地，时间推进机制是下次事件推进法；事件表的类型包括五个：顾客到达、中途放弃、重拨、获得服务离开、仿真结束；模型队列主要包括三个队列：等待顾客队列、重拨队列以及坐席人员队列。队列中的元素包括两类：顾客结构体和坐席人员结构体；顾客结构体的属性包括五个：到达时间、初始耐心时间、提醒更新耐心时间、等待时间、获得服务时间、重拨返回时间。坐席人员结构体的属性包括三个：坐席人员状态、坐席服务时间以及坐席人员结束服务的时间。

仿真的主程序如图 7-2 所示，主要包括六部分：初始化子程序、时间控制子程序、更新队长、利用率子程序、执行事件子程序以及输出报告子程序。初始化子程序主要用于实现将坐席人员队列初始化、仿真时钟以及事件表的发生时间；时间控制子程序主要用于实现将事件表由小到大排序；更新队长在执行事件之前，利用求面积表达积分的方法得出；输出报告子程序主要用于实现将直接退出概率、中途放弃概率、顾客平均等待时间的输出。

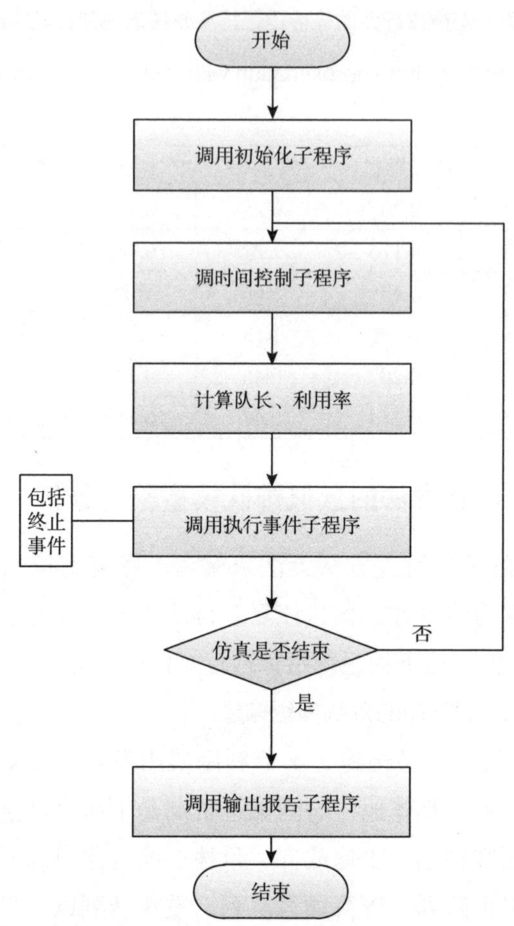

图7-2　等待提醒模式下考虑顾客重拨的呼叫中心仿真主流程图

Fig. 7-2　The main program diagram of call center simulation with delay information and retrial

其中，执行事件子程序包括顾客到达子程序、顾客到达 2 子程序、中途放弃子程序、接受服务离开子程序、重拨子程序、预热子程序、终止事件子程序。顾客到达子程序如图 7-3 所示：首先记录一下呼叫人数，然后生成未来下一次顾客到达时间并放入事件表中，在获得新到达顾客的提醒时间后，根据提醒时间决定该顾客是否留下，选择直接退出的顾客要决定是否进入重拨队列，剩余的留下顾客在队列中还需检查是否有空闲的坐席人员，如果有，改变该空闲坐席人员的状态；如果没有，则将该顾客添加到等待队列中，需要注意的是，顾客到达 2 子程序与顾客到达子程序的差别在于不计算下次到达事件的发生时间。

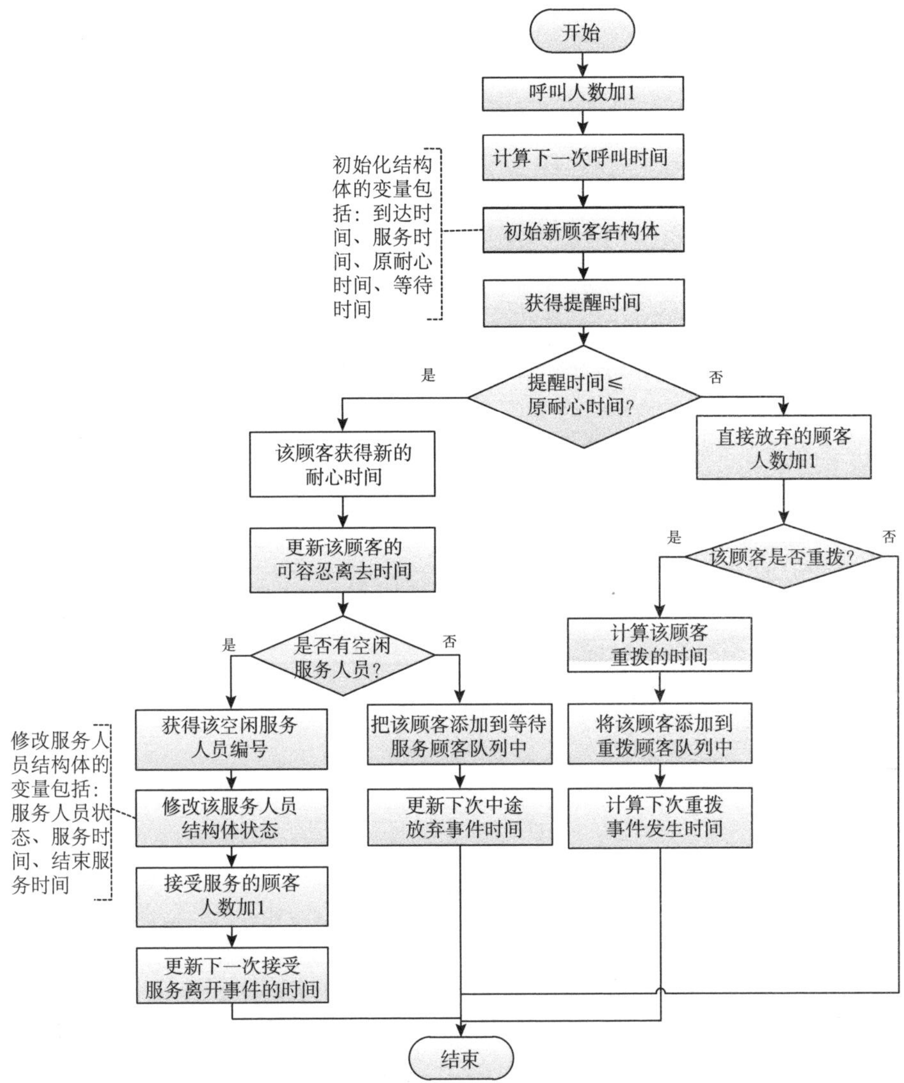

图7-3　考虑顾客重拨的仿真模型到达子程序流程图

Fig. 7-3　The subprogram flow chart of arrival for call center simulation with retrial

接受服务离开子程序同 4.4 节的设计，在此不再赘述。中途放弃子程序需要处理部分顾客没有接受到服务离开的时间，并且还要判断离开的顾客是否再次拨打电话以及计算拨打电话的时间，详见图 7-4。重拨子程序主要实现直接退出与中途放弃的顾客再次拨打电话，计算下次重拨的时间以及再次执行顾客到达 2 子程序（不计算下次到达事件时间），详见图 7-5。

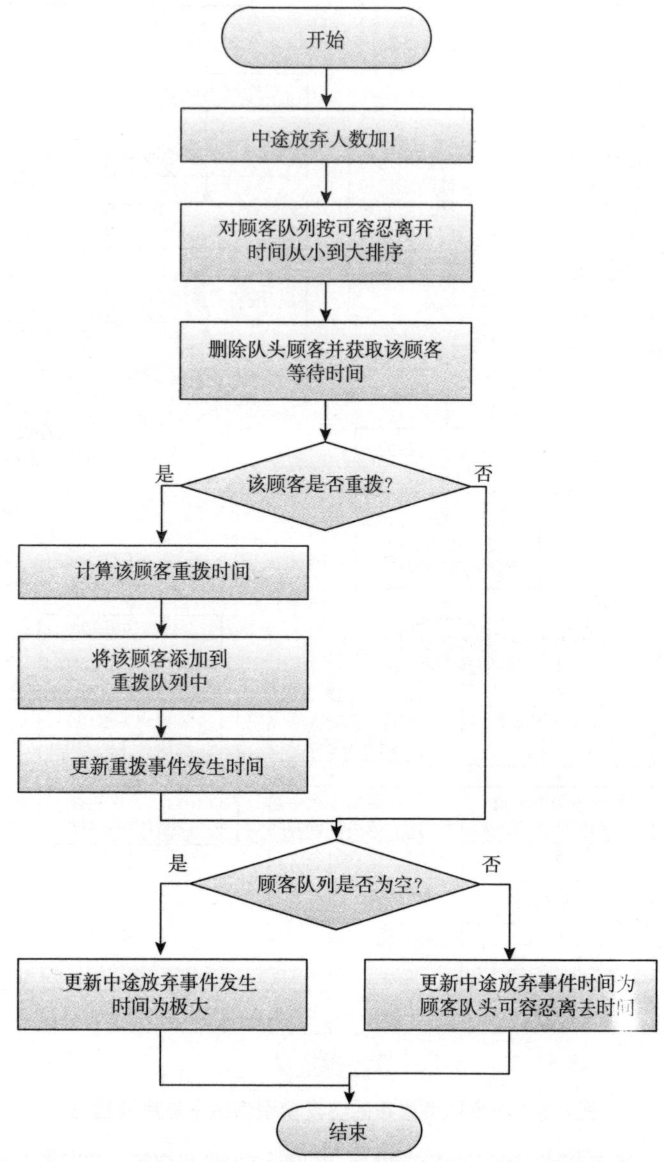

图7-4 考虑顾客重拨的仿真模型中途放弃子程序流程图

Fig. 7-4 The subprogram flow chart of reneging for simulation with retrial

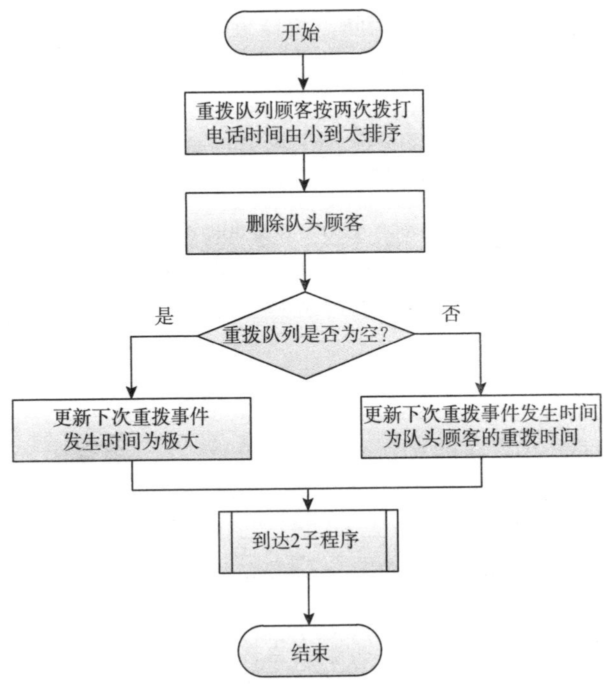

图7-5　考虑顾客重拨的仿真模型重拨子程序流程图

Fig. 7-5　The subprogram diagram of retrial for simulation with retrial

7.4.2.2　数值实验与验证分析

针对考虑顾客重拨的等待提醒排队系统，本节将通过流体近似方法与仿真方法的系统性能指标对比，从而验证流体方法的近似质量。其中，等待时间提醒的仿真框架中，需预知提醒时间变量 d_n，它是流体近似方法近似变量 γ' 而得，本节的仿真验证实验直接采用近似后的数值，因此，数值实验中的仿真模型又称“近似仿真模型”。本节“近似仿真模型”使用通用编程语言 C++，在 Microsoft Visual Studio 2012 开发环境下运行，且仿真模型为稳态仿真，采用重复删除法，设置运行时长为 30000 分钟，预热时间 120 分钟，每次仿真结果采用 5 次重复仿真所取均值，仿真结果的置信区间基于 95% 的置信水平。

如表 7-3 所示，选取 p=0.5 与 $\delta = 0.5$，当系统人员配置水平固定为 s=20，通过改变到达率 λ 从而变换系统负荷 ρ，获得两类方法求解的顾客重拨率 T_r

误差结果。与 7.4.1 节所得结论相同，流体近似方法随着系统负荷增加，精度不断增加直到趋于精确结果。特别地，当系统负荷 p=100% 时，与 7.3.1 节的假设相同，误差率达到 100%。

表7-3　考虑重拨行为的等待提醒排队系统的仿真方法与流体方法性能比较（s=20）

Table 7-3　Comparison of simulation results and fluid approximation results for systems with delay information and retrial for s=20

ρ	δx_2（流体）	T_r（仿真）	% 误差
100%	0	2.125	100
110%	3	3.61	16.79
130%	5.5	6.262	12.17
150%	9.5	10.034	5.32
170%	13.5	14.003	3.59
190%	17.5	18.016	2.86

此外，选取 p=0.5，且考察三种顾客重拨返回时间分布率 $\delta=0.2$，$\delta=0.5$，$\delta=0.8$ 的相对误差变化规律。如图 7-6 所示，当系统负荷逐渐增大时，不同 δ 下的重拨率 T_r 相对误差值逐渐降低，整体变化趋势相同，直到趋于 0。同时，δ 的值越大，流体近似方法的精度相对更高。综上，通过与仿真方法的对比，验证了流体近似方法在考虑顾客重拨行为的等待提醒排队系统应用的有效性与精确性。

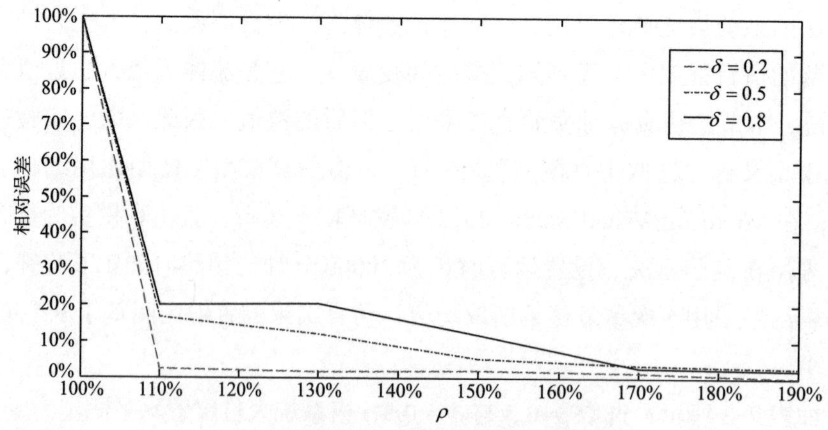

图7-6　流体近似方法的重拨率相对误差值

Fig. 7-6　Percentage error of the fluid approximation for retrial rate

7.5　等待提醒模式下考虑重拨行为的人员配置问题与数值分析

基于以上研究结果，本节将针对等待提醒模式下考虑重拨行为的排队模型，利用流体方法进行重拨行为影响下的需求预测分析以及人员配置问题研究。选取 $\delta=0.5$，$\mu=1$，$\gamma=0.8$，$\theta=0.1$，$\alpha_0=0.05$。

7.5.1　重拨行为对带等待提醒的呼叫中心需求预测影响

为了研究等待提醒模式下考虑重拨行为的人员配置问题，本节首先分析了不同的人员配置水平下（s=5，s=10，s=20），重拨行为对系统呼叫到达的影响。选取系统负荷 $\rho=130\%$。如图 7-7 所示，随着重拨概率的不断增加，顾客重拨率 T_r 不断增加，特别是当重拨概率大于 0.5 时，重拨率大幅增加。同时，顾客重拨率随着人员配置规模增大，重拨率按照相似的比例增加。

在现实呼叫中心运营过程中，管理者常需要从包含历史数据的数据库中提取重要的数据，从而进行呼叫需求量预测。而该数据库仅显示在给定时间范围内，相应人员配置水平下发生的呼叫量。在考虑重拨的情形下，我们首先需要从被观测呼叫量数据中估计顾客首次呼叫到达量。针对带有重拨的呼叫中心排队系统，Aguir 等 [161] 研究了需求预测与人员配置的关联，然而目前仍然没有关于带有等待提醒的呼叫中心的需求预测与人员配置问题的研究出现。同样地，在等待提醒的呼叫中心中，也需要考虑由重拨行为引起的，考虑特定情形下的首次呼叫量预测，从而求解人员配置问题。

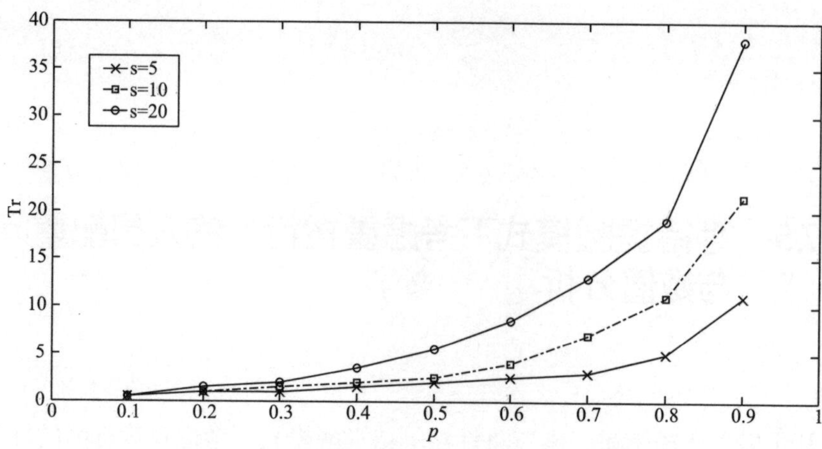

图7-7 重拨概率变化对系统重拨率的影响

Fig. 7-7 The evolution of the retrial rate as a function of the retrial probability

假设已知被观测呼叫到达率 λ_0，依然可以利用求解式（7.17）从而获得系统的相应性能指标。当数据库中被观测顾客到达率 λ_0=50 时，给定观测时间内的人员配置水平 s，则可利用式（7.17）计算出相应的重拨率 T_r 与顾客首次到达率 λ。如表 7-4 所示，研究了两类顾客重拨概率下（p=0.5，p=0.8），不同人员配置水平影响下的首次到达率预测值变化。首先，无论重拨概率多大，都是人员配置水平越高，证明被观测到达率 λ_0 中含有的首次顾客呼叫量越高，相应的重拨率越少；其次，针对高重拨概率 p=0.8 数据，人员配置水平变化对系统的重拨率影响较大。

表7-4 不同人员配置水平下的首次到达率 λ 预测值

Table 7-4 The fresh calls λ as a function of s

	p=0.5		p=0.8	
s	T_r	λ	T_r	λ
20	15	35	23.5	26.5
25	12	38	19.5	30.5
30	10	40	15.5	34.5
35	7.5	42.5	11.5	38.5
40	4.5	45.5	7.5	42.5

7.5.2　重拨行为对带等待提醒的呼叫中心人员配置的影响

为了考察重拨行为对带等待提醒的呼叫中心人员配置的影响，首先定义系统人员配置模型：在考虑获得服务顾客的约束条件下，求最少需要的人力资源数量。本节的人员配置模型可以通过公式（7.22）表达：

$$\begin{cases} \min s \\ s.t.\ P^S \geqslant \omega \end{cases} \tag{7.22}$$

其中，ω 代表对获得服务顾客概率的约束参数。当系统忽略重拨行为影响时，则可以利用求解式（7.21）计算相应的获得服务概率 P^S，并且利用枚举法获取系统最优的人员配置人数，该条件下顾客首次到达与被观测到达无差别。为了强调重拨行为对系统人员配置的影响，本节利用流体近似方法，对比分析了有无重拨行为对带等待提醒的呼叫中心最优人员配置影响。

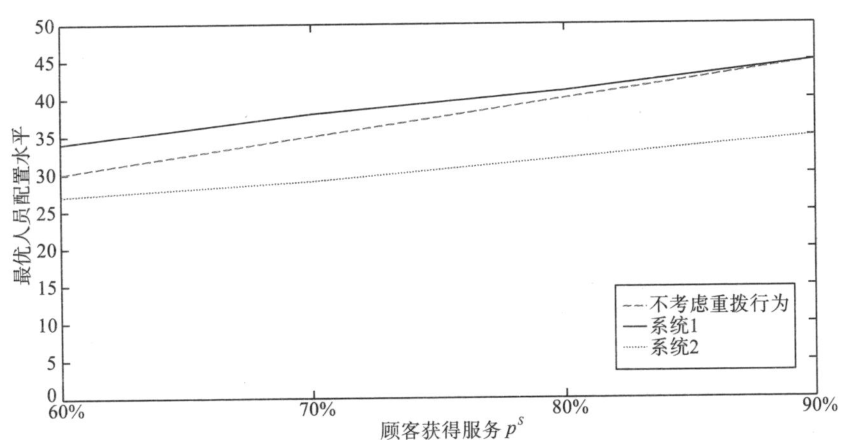

图7-8　忽略重拨行为对带等待提醒的呼叫中心人员配置的影响

Fig. 7-8　The effect of ignoring retrials in staffing of call centers with delay information

假设已知被观测呼叫到达率 λ_0=50，选取 p=0.5，考察三类带等待提醒的呼叫系统。第一类系统为不考虑重拨行为作用的等待提醒系统，该系统忽略重拨行为，认定顾客首次到达等于被观测到达，因此直接对被观测到达进行相应的人员配置。其他两类系统考虑重拨行为作用，假设被观测时间内两类系统已有的人员配置数分别为 s=20，s=40，其中系统 1 代表观测时间内安排的坐席人员数为 s=40，即高水平配置，系统 2 代表观测时间内安排的坐席人

员数为 s=20，即低水平配置。因此系统 1 与系统 2 的顾客首次到达率的预测参照表 7.4。接下来，则通过求解式（7.21）与式（7.17）获取顾客获得服务概率，同时利用枚举法来求解三类系统的最优人员配置。

如图 7.8 所示，当顾客获得服务概率的限制条件不同时，重拨行为将对系统产生“过度配置”与“不足配置”不同的影响。一方面，当已有的人员配置水平较低时，忽略重拨行为作用的系统将导致“过分配置”；另一方面，当已有的人员配置水平较高时，意味着大多数顾客能接受服务，重拨行为发生率低，即首次顾客到达数量与被观测到达数量十分接近，在这种情况下，忽略重拨行为作用的系统将导致“不足配置”，且在高顾客获得服务概率的限制条件下，如 P^S= 90%，系统 1 与忽略重拨行为作用系统的最优人员配置水平十分接近。总之，由于顾客重拨行为的存在，呼叫中心根据被观测到达数据进行人员配置，可能产生“过度配置”与“不足配置”的动态震荡。

7.6 本章小结

本章针对带有排队等待信息提醒的呼叫排队系统，考虑顾客重拨行为与放弃行为对于呼叫中心性能的影响，利用一类确定型流体近似方法建立了呼叫中心排队模型，并且求解了稳态条件下的系统性能指标。然后，通过流体方法与马尔可夫方法的对比，以及流体方法与 C++ 仿真模型对比共同验证了流体近似方法的有效性与精确性。最后，利用流体方法进行重拨行为影响下的需求预测分析以及人员配置问题研究。通过数值实验分析，得出如下结论：

第一，无论是否考虑顾客重拨行为的等待提醒排队系统，当系统的人员规模与负荷度较大时，流体方法近似效果较好。

第二，针对考虑顾客重拨行为的呼叫系统进行需求预测，给定人员配置水平越高，被观测到达率 λ_0 中含有的首次顾客呼叫量越高，相应的重拨率越少。

第三，如果忽略顾客重拨行为的作用，呼叫中心直接根据被观测到达数据进行人员配置，可能产生“过度配置”与“不足配置”的动态震荡。

第八章　总结与展望

8.1　总结

等待时间提醒是目前呼叫中心需求管理最有效的方法之一。本书从排队心理学角度出发，考虑了排队队长对顾客耐心的影响，设计了一类带有等待提醒及顾客心理回应的排队系统。在该系统中，等待的顾客可以像“看得见的队列”一样获知自己的等待时间，并以此决定后续的行为。以上等待时间提醒的存在，导致呼叫中心的性能指标将发生极大的改变，一方面由于提醒时间的存在增加顾客的耐心，导致相对多的顾客愿意等待；另一方面提醒产生的时间会导致顾客的放弃行为，可能缓解或者增加系统拥挤的状况。针对以上性能的变化，本书结合坐席人员配置管理，与等待时间提醒决策一起进行相应的最优求解方法设计。本书的关键问题一与关键问题二针对带等待提醒模式的排队系统设计问题进行了主要研究。然后，在设计出的等待提醒排队模型基础上，关键问题三至关键问题五，考虑不同顾客行为因素影响，提出了相应的人力资源配置模型与相应的求解方法。本书五个关键问题的具体研究成果总结如下：

（1）针对一类带有等待提醒及顾客心理回应的排队系统，从提醒信息可靠性的设计问题展开，综合考虑服务效用和客户等待成本等影响因素，以及顾客的放弃行为和耐心分布，建立了考虑顾客放弃行为和顾客耐心回应的呼叫中心效用模型，并且通过混沌搜索算法求解出最优提醒时间可靠性策略。然后，基于提出的考虑顾客耐心变化的 M/M/s+M 排队模型，从呼叫中心与顾客双方效用最大化角度出发，建立了呼叫中心提醒时间和顾客耐心度主从博弈模型。数值实验给出了不同运营模式下的最优提醒时间和效用值的变化规律。

（2）以现实呼叫服务中心等待服务过程为实际背景，研究了带有“语音应答系统”的现实呼叫中心中，顾客接受等待服务过程的耐心分布与变化问题。根据现实问题数据拟合与分析，建立了超指数顾客耐心的排队模型，在此基础上，利用马尔可夫方法对顾客等待时间的近似与系统基本性能指标的求解。然后，在考虑顾客耐心回应的基础上，基于马尔可夫近似方法，向该 M/M/s/r+H_2 系统导入了等待时间提醒功能。最后，通过与 C++ 仿真模型的对比，验证了构建的提醒等待时间系统的实效性以及近似方法的有效性。

（3）针对带有等待提醒及顾客心理回应的排队系统，考虑提醒信息可靠性设计的模式基础上，进行了顾客耐心变化随机分布情况下的人力资源配置方法的研究。在考虑排队提醒下顾客心理和行为变化基础上，通过排队理论得到系统稳态情况下的性能指标计算公式，并且基于二分法和固定点算法求解最小化的人力资源数量。然后，在已构建的提醒等待排队系统基础上，通过对顾客等待过程中满意度细分，刻画提醒信息满意度，短时间放弃满意度等性能指标，从呼叫中心期望效益最大化的角度出发，建立了多服务指标约束的人员配置模型。通过数值实验，验证了多服务指标对呼叫中心人员配置的重要作用。

（4）充分考虑顾客满意度对呼叫中心的影响作用，首先针对一类无提醒等待时间的呼叫中心，在考虑顾客等待满意度与“重复选择”行为的关联基础上，利用排队论分析方法，构建了以呼叫中心期望效益最大化为目标的人力资源配置模型。然后，针对等待时间提醒模式下的呼叫中心，考虑了带有提醒模式特点的顾客等待满意度与“重复选择”行为，重新构建了以呼叫中心期望效用最大化为目标的提醒可靠性与人力资源配置共同决策模型。通过数值实验，验证了“顾客等待满意度”对两类呼叫中心人员配置的重要作用。

（5）针对带有排队等待信息提醒的呼叫排队系统，考虑顾客重拨行为与放弃行为对于呼叫中心性能的影响，利用一类确定型流体近似方法建立了呼叫中心排队模型，并且求解了稳态条件下的系统性能指标。通过两类排队模型的不同构造方法对比验证了基于确定型流体方法的排队模型近似的有效性与精确度，其中包括流体方法与马尔可夫方法的提醒排队模型对比，以及流体方法与 C++ 仿真方法的考虑重拨行为的提醒排队模型对比。最后，利用流体方法进行重拨行为影响下的需求预测分析以及人员配置问题研究，考察了如果忽略顾客重拨行为的作用，等待模式下的呼叫中心直接根据被观测到达数据进行人员配置，可能产生“过度配置”与“不足配置”的动态震荡。

8.2 展望

本书在建立了等待时间提醒模式下呼叫中心排队模型的基础上，主要对顾客等待过程中的行为要素影响进行了详细分析与构建，并且进行相应的人员配置问题研究。在以上研究成果基础上，未来还有以下几个方面需作进一步研究：

（1）针对等待提醒过程中顾客耐心更新的描述问题，本书仅利用了初始耐心与提醒时间之间的权重表达。今后的研究可利用实验调查的方法，从而支撑等待提醒后的顾客心理变化因素的数学描述。

（2）本书的研究工作主要针对单时段平稳到达的条件下，呼叫中心的等待提醒与人员配置问题进行的相应研究，今后的研究可拓展至多时段非平稳到达条件，从而考察多时段的等待提醒排队模型的人员配置问题。

（3）本书研究的顾客耐心主要围绕服从指数与超指数分布两类分布假设，进行的排队理论分析研究。在现实的呼叫中心中，不同属性的呼叫服务导致不同分布的顾客耐心分布。因此，将本书关于指数与超指数耐心分布的研究方法与理论拓展至一般分布中，将具有更大的理论意义。

（4）本书部分关键问题应用了现实呼叫中心的真实数据进行了顾客行为研究，并且利用真实数据的拟合结果应用于数值实验中，而其他关键问题的数值实验则利用经典排队模型的分布设置进行。在今后的研究中，其他关键问题的研究方法与理论可以结合现实的数据，进行实际数据的测试和分析，从而使得研究更具现实意义。

参考文献

[1] 赵溪 . 客户服务导论与呼叫中心实务 [M]. 北京：清华大学出版社，2013.

[2] JOUINI O，KOOLE G，ROUBOS A. Performance indicators for call centers with impatient customers[J]. IIE Transactions，2013，45（3）：341-354.

[3] AKSIN O Z，ARMONY M，MEHROTRA V. The modern call-center：A multi-disciplinary perspective on operations management research [J]. Production & operation management，2007，16（6）：665-688.

[4] GANS N，KOOLE G，MANDELBAUM A. Telephone call centers：Tutorial，review，and research prospects [J]. Manufacturing & Service Operation Management，2003，5（2）：73-141.

[5] MANDELBAUM A，ZELTYN S. Service engineering in action：The Palm/Erlang-A queue，with applications to call centers [M]. Advances in Services innovations. Springer-Verlag，Berlin，2007.

[6] 吴佳骥 . 多技能呼叫中心人力资源分配调度问题研究 [D]. 合肥：中国科学技术大学，2007.

[7] GANS N，ZHOU Y-P. Managing learning and turnover in employee staffing [J]. Operations Research，2002，50（6）：991-1006.

[8] AHN H-S，RIGHTER R，SHANTHIKUMAR J G. Staffing decisions for heterogeneous workers with turnover [J]. Mathematical Methods of Operations Research，2005，62（3）：499-514.

[9] BORDOLOI S K. Agent recruitment planning in knowledge intensive call centers [J]. Journal of Service Research，2004，6（4）：309-323.

[10] BHANDARI A，HARCHOL-BALTER M，Scheller-Wolf A. An exact and efficient algorithm for the constrained dynamic operator staffing problem for call centers [J]. Management Science，2008，54（2）：339-353.

[11] RYDER G S，ROSS K G，MUSACCHIO J T. Optimal service policies under learning effects [J]. International Journal of Services and Operations Management，2008，4（4）：631-651.

[12] KEBLIS M，CHEN M. Improving customer service operations at amazon.com [J]. Interfaces，2006，36（5）：433-445.

[13] GREEN L，KOLESAR P，SOARES J. Improving the SIPP approach for staffing service systems that have cyelic demands [J]. Operations Research，2001，49（4）：549-564.

[14] ATLASON J，EPELMAN M A，HENDERSON S G. Using simulation to approximate subgradients of convex performance measures in service systems[C]. In Proceedings of the 2003 Winter Simulation Conference，New Orleans，LA. S. Chick，P. J. Sa′nchez，D. Ferrin，D. J. Morrice，（eds.），2003.

[15] CEZIK M T，L'ECUYER P. Staffing multiskill call centers via linear programming and simulation [J]. Management Science，2008，54（2）：310-323.

[16] BHULAI S，KOOLE G，Pot A. Simple methods for shift scheduling in multi-skill call centers[J]. Manufacturing & Service Operations Management，2008，10（3）：411-420.

[17] JAGERMAN D L，MELAMED B. Models and approximations for call center design [J]. Methodology and Computing in Applied Probability，2004，5（2）：159-181.

[18] AKSIN O Z，HARKER P T. Capacity sizing in the presence of a common shared resource：Dimensioning an inbound call center [J]. European Journal of Operational Research，2003，147（3）：464-483.

[19] KOOLE G，POT A. A note on profit maximization and monotonicity for inbound call centers[R]. Technical report，Department of Mathematics，Vrije Universiteit Amsterdam，The Netherlands，2005.

[20] HELLBER S，STOLLETZ R，BOTHE S. Erfolgszielorientierte Agentenallokation in inbound call Centern [J]. Zeitschrift fur Betriebswirtschaftliche，Forschung（February），2005，3-32.

[21] BARON O，MILNER J. Staffing to maximize profit for call centers

with alternate service level agreements [J]. Operations Research，2009，57（3）：685-700.

[22] DANTZIG G. A Comment on Edie's 'Traffic Delays at Toll Booths' [J]. Operations Research，1954，2（3）：339-341.

[23] ERNST A T，JIANG H，KRISHNAMOORTHY M，et al. An annotated bibliography of personnel scheduling and rostering [J]. Annals of Operations Research，2004，127（1-4）：21-144.

[24] ORMECI E L，BURNETAS A N，EMMONS H. Admission policies for a two class loss system with random rewards [J]. IIE Transactions，2002，34（9）：813-822.

[25] KOOLE G，POT A，TALIM J. Routing heuristics for multi-skill call centers[C]. In Proceedings of the 35th Conference on Winter Simulation，2003，1813-1816.

[26] HASIJA S，PINKER E J，SHUMSKY R A. Staffing and routing in a two-tier call center [J]. International Journal of Operational Research，2005，1（1-2）：8-29.

[27] KOOLE G，POT A. An overview of routing and staffing algoriths in multi-skill customer contact centers[R]. Technical Report，Department of Mathematics，Vrije Universiteit Amsterdam，The Netherlands，2006.

[28] MEHROTRA V，ROSS K，RYDER G，et al. Routing to manage resolution and waiting time in call centers with heterogeneous servers [J]. Manufacturing & Service Operation Management，2012，14(1): 66-81.

[29] ZHAN D，WARD A. Threshold routing to trade-off waiting and call resolution in call centers [J]. Manufacturing & Service Operation Management，2013，16（2）：220-237.

[30] MANDELBAUM A，ZELTYN S. The impact of customers patience on delay and abandonment：some empirically-driven experiments with the M/M/n+G queue. OR Spectrum，2004，26（3）：377-411.

[31] WHITT W. Efficieny-driven heavy-traffic approximations for many-server queues with abandonments [J]. Management Science，2004，50（10）：1449-1461.

[32] AGUIR M S，AKSIN O，KARAESMEN F，et al. The impact of retrials

on call center performance [J]. OR Spectrum，2004，26（3）：353-376.

[33] SHUMSKY R，PINKER E. Gatekeepers and referrals in services [J]. Social Science Electronic Publishing，2002，49（7）：839-856.

[34] 朱华波，宫俊，于淼，唐加福 . 呼叫中心提示时间与顾客耐心的主从博弈模型 [J]. 系统工程学报，2015，30（5）：619-627.

[35] ZOHAR E，MANDELBAUM A，SHIMKIN N. Adaptive behavior of impatient customers in tele-queues：Theory and emperical support [J]. Management Science，2002，48（4）：566-583.

[36] HAXHOLDT C，LARSEN E R，ACKERE A. Mode locking and chaos in a deterministic queuing model with feedback [J]. Management Science，2003，49（6）：816-830.

[37] HO T K，PARK Y H，ZHOU Y P. Incorporating satisfaction into customer value analysis：optimal investment in lifetime value [J]. Marketing Science，2006，25（3）：260-277.

[38] ACKERE A，HAXHOLDT C，LARSEN E R. Long and short term customer reaction：a two-stage queuing approach [J]. System Dynamics Review，2006，22（4），349-369.

[39] GANDOMI A，ZOLFAGHARI S. Profitability of loyalty reward programs：An analytical Investigation [J]. OMEGA，2013，41（4）：797-807.

[40] ACKERE A，HAXHOLDT C，LARSEN ER. Dynamic capacity adjustments with reactive customers [J]. OMEGA，2013，41（4）：689-705.

[41] JOUINI O，DALLERY Y，AKSIN Z. Queueing models for full-flexible multi-class call centers with real-time anticipated delays [J]. International Journal of Production Economics，2009，120（2）：389-399.

[42] GROSS D，HARRIS C M. Fundamentals of queueing theory [M]，3rd edition，Wiley，New York，1998.

[43] BITRAN G R，FERRER J C，OLIVIERA P R. Managing customer experiences：Perspectives on the temporal aspects of service encounters [J]. Manufacturing & Service Operation Management，2008，10（1）：61-83.

[44] MAISTER D. The psychology of waiting lines [M]. J. Czepiel，M.

Solomon, C. Suprenant, eds. The Service Encounter: Managing Employee/Customer Interaction in Service Businesses. Lexington Books, Lexington, MA, 1985, 113-123.

[45] TAYLOR S. Waiting for service: The relationship between delays and evaluations of service [J]. Journal of Marketing, 1994, 58 (2): 56-69.

[46] KATZ K, LARSON B, LARSON R. Prescription for the waiting-inline blues: Entertain, enlighten, and engage [J]. Sloan Management Review, 1991, 32 (2): 44-53.

[47] HUI M, ZHOU L. How does waiting duration information influence customers' reactions to waiting for services [J]. Journal of Applied Social Psychology. 1996, 26 (19): 1702-1717.

[48] WHITT W. Improving service by informing customers about anticipated delays [J]. Management Science, 1999, 45 (2): 192-207.

[49] MUNICHOR N, RAFAELI A. Numbers or apologies? Customer reactions to telephone waiting time fillers [J]. Journal of Applied Psychology, 2007, 92 (2): 511-518.

[50] FEIGIN P. Analysis of customer patience in a bank call center [J]. Working paper, Technion, Haifa, Israel, 2005.

[51] PALM C. Methods of judging the annoyance caused by congestion [J]. Telegrafstyrelsen, 1953, 20 (4): 189-208.

[52] KORT B W. Models and methods for evaluating customer acceptance of telephone connections[C]. In Proceeding GLOBECOM '83, IEEE Press, Piscataway, NJ, 1983, 706-714.

[53] BACCELLI F, Hebuterne G. On queues with impatient customers [J]. Performance, 1981, 60 (4): 327-343.

[54] BROWN L, GANS N, MANDELBAUM A, et al. Statistical analysis of a telephone call center: A queueing-science perspective [J]. Journal of the American Statistical Association, 2005, 100 (469): 36-50.

[55] ANCKER J C, GAFARIAN A V. Some queuing problems with balking and reneging [J]. Operations Research, 1962, 11 (1): 88-100.

[56] RAO S S. Queuing models with balking, reneging, and interruptions [J]. Operations Research, 1965, 13 (4): 596-608.

[57] MONTAZER-HAGHIGHI A，MEDHI J，MOHANTY S G. On a multiserver Markovian queueing system with balking and reneging [J]. Computers & operations research，1986，13（4）: 421-425.

[58] ABOU-EL-ATA M O，Hariri A M A. The M/M/c/N queue with balking and reneging [J]. Computers & Operations Research，1992，19（8）: 713-716.

[59] CHAUHAN M S，SHARMA G C. Profit analysis of M/M/R queueing model with balking and reneging [J]. Monte Carlo Methods and Applications，1996，2（2）: 139-144.

[60] PAZGAL A I，RADAS S. Comparison of customer balking and reneging behavior to queueing theory predictions：An experimental study [J]. Computers & Operations Research，2008，35（8）: 2537-2548.

[61] YANG T，TEMPLETON J G C. A survey on retrial queues[J]. Queueing systems，1987（2）: 201-233.

[62] PHUNG-DUC T，KAWANISHI K. Performance analysis of call centers with abandonment，retrial and after-call Work [J]. Performance Evaluation，2014，80（5）: 43-62.

[63] FALIN G I. A survey of retrial queues [J]. Queueing Systems，1990，7（2）: 127-168.

[64] COHEN J W，Basic problems of telephone traffic theory and the influence of repeated calls [J]. Philips Telecommuncations & Data Systems Review. 1957，18 : 49-57.

[65] FALIN G I. Single-line repeated orders queueing systems [J]. Optimization，1986，17（5）: 649-677.

[66] YANG T，POSNER M J M，TEMPLETON J G C, et al. An approximation method for the M/G/1 retrial queue with genenal retrial times [J]. European Journal of Operational Research，1994，76（3）: 552-562.

[67] GREENBERG B S. M/G/1 Queueing systems with returning customers [J]. Journal of Applied Probability，1989，26（1）: 152-163.

[68] KAPYRIN V A. A study of the stationary characteristics of a queueing system with recurring demands [J]. Cybemetics，1997，13(4): 584-590.

[69] ARTALEJO J R，GOMEZ-CORRAL A，NEUTS M F. Analysis of

multiserver queues with constant retrial rate [J]. European Journal of Operational Research, 2001, 135 (3): 569-581.

[70] POURBABAI B. A note on D/G/K loss a system with retrials [J]. Journal of Applied Probability, 1990, 27 (2): 385-392.

[71] WU X, HLYNKA M, BRILL P H, et al. An retrial queue with balking and retrials during service [J]. International Journal of Operational Research, 2005, 1 (1): 30-51.

[72] YANG W S, CHOO T S. M/M/s queue with impatient customers and retrials [J]. Applied Mathematical Modelling, 2009, 33 (6):2596-2606.

[73] DING S, KOOLE G, MEI R. A method for estimation of redial and reconnect probabilities in call centers[C]. In the Proceedings of the 2013 Winter Simulation Conference: Simulation: Making Decisions in a Complex World, IEEE Press, 2013 : 181-192.

[74] IBRAHIM R, WHITT W. Waiting-time predictors for customer service systems with time-varying demand and capacity [J]. Operations Research, 2011, 59 (5): 1106-1118.

[75] HASSIN R. Consumer information in markets with random product quality: The case of queues and balking [J]. Econometrica, 1986, 54 (5): 1185-1195.

[76] GUO P F, ZIPKIN P. Analysis and comparison of queues with different levels of delay information [J]. Management Science, 2007, 53 (6): 962-970.

[77] ARMONY M, MAGLARAS C. Contact centers with a call-back option and real-time delay information [J]. Operations Research, 2004, 52(4): 527-545.

[78] ARMONY M, MAGLARAS C. On customer contact centers with a callback option: Customer decisions, routing rules and system design [J]. Operations Research, 2004, 52 (2): 271-292.

[79] ARMONY M, SHIMKIN N, WHITT W. The impact of delay announcements in many-server queues with abandonment [J]. Operations Research, 2009, 57 (1): 66-81.

[80] ALLON G, BASSAMBO A, GURVICH I. "We Will Be Right with

You"：Managing customer expectations with vague promises and cheap talk [J]. Operations Research，2011，59（6）：1382-1394.

[81] JOUINI O，AKSIN O Z，DALLERY Y. Call centers with delay information：Models and Insights [J]. Manufacturing & Service Operation Management，2011，13（4）：534-548.

[82] WHITT W. Predicting queueing delays [J]. Management Science. 1999，45（6）：870-888.

[83] NAKIBLY E. Predicting waiting times in telephone service systems. M.S. thesis，The Technion，Haifa，Israel，2002.

[84] IBRAHIM R，WHITT W. Real-time delay estimation based on delay history [J]. Manufacturing & Service Operation Management，2009，11（3）：397-415.

[85] IBRAHIM R，WHITT W. Real-time delay estimation in overloaded multiserver queues with abandonments [J]. Management Science. 2009，55（10）：1729-1742.

[86] IBRAHIM R，WHITT W. Real-time delay estimation based on delay history in many-server queue with time-varying arrivals [J]. Production & Operations Management，2011，20（5）654-667.

[87] JOUINI O，AKSIN O Z，AGUIR M S，et al. Call center delay announcement using a Newsvendor-Like performance criterion [J]. Production & Operations Management，2014，24（4）：587-604.

[88] AKSIN O Z，ATA B，EMADI S，et al. Structural estimation of callers' delay sensitivity in call centers [J]. Management Science，2013，59(12)：2727-2746.

[89] YU Q，ALLON G，BASSAMBOO A. How do delay announcements shape customer behavior? An empirical study [J]. Management Science，forthcoming，2015.

[90] HUI M K，TSE D K. What to tell customer in waits of different lengths：An integrative model of service evaluation [J]. Journal of Marketing，1996，60（2）：81-90.

[91] KUMAR P，KALWANI M U，DADA M. The impact of waiting time guarantees on customers' waiting experiences [J]. Marketing Science.

1997，16（4）：295-314.

[92] BIELEN F，DEMOULIN N. Waiting time influence on the satisfaction-loyalty relationship in services [J]. Managing Service Quality. 2007，17（2）：174-193.

[93] 阎崇钧 . 时变呼叫服务的人员计划与调度问题求解算法研究 [D]. 沈阳：东北大学，2009.

[94] GARNETT O，MANDELBAUM A，REIMAN M. Designing a call center with impatient customers[J]. Manufacturing & Service Operation Management，2002，4（3）：208-227.

[95] HALFIN S，WHITT W. Heavy-traffic limits for queues with many exponential server [J]. Operations Research，1981，29（3）：567-588.

[96] GREEN L V，KOLESAR P J，SOARES J. An improved heuristic for staffing telephone call centers with limited operating hours [J]. Production & Operations Management，2003，12（1）：46-61.

[97] YOO J. Queueing models for staffing service operations [D].University of Maryland，1996.

[98] INGOLFSSON A，HAQUE M，UMNIOV A. Accounting for time-varying queueing effects inworkforce scheduling [J]. European Journal of Operational Research，2002，139（3）：585-597.

[99] GREEN L，KOLESAR P. The Point wise stationary approximation for queues with nonstationary arrivals [J]. Managerment Science，1991，37（1）：84-97.

[100] GREEN L，KOLESAR P. The lagged PSA forestimating peak congestion in multiserver Markovian queues with periodic arrival rates [J]. Management Science，1997，43（1）：80-87.

[101] KINGMAN J F C. On queues in heavy traffic [J]. Joumal of the Royal Statistical Society SeriesB（Methodological），1962，24(2)：383-392.

[102] WHITT W. Understanding the efficiency of mult-server service systems [J]，Management Seience，1992，38（5）：708-723.

[103] BORST S，MANDELBAUM A，REIMAN M I. Dimensioning large call centers [J]. Operations Research. 2004，52（1）：17-34.

[104] MANDELBAUM A，SAKOV A，ZELTYN S. Empirical analysis of a

call center [D]. Techtion，Israel Institute of Technology，2001.

[105] JAGERMAN D L. Some Properties of the Erlang function [J]. Bell System Technical Journal，1974，53（3）：525-551.

[106] FEINBERG M A. Performance characteristies of automated call distribution systems [C]，IEEE Global Telecommunications Conference，1990，415-419.

[107] MANDELBAUM A，REIMAN M. Dimensioning finite-buffer queues with abandonment[R]，work carried out at Bell Labs，2000.

[108] MASSEY A，WALLACE B R. An optimal design of the M/M/C/K queue for call centers [J]，Queuing Systems，2004，3（1）：12-25.

[109] MANDELBAUM A，MASSEY W A. Strong approximations for time-dependent queues [J]，Mathematics of Operations Research，1995，20（1）：33-64.

[110] MANDELBAUM A，MASSEY W A，REIMAN M I，et al. Queue lengths and waiting times for multiserver queues with abandonment and retrials[J]，Telecomunication Systems，2002，21（2）：149-171.

[111] JENNINGS O B，MANDELBAUM A，MASSEY W A，et al. Server staffing to meet time-varying demand [J]，Management Science，1996，42（10）：1383-1394.

[112] MASSEY W A，WHITT W. Peak congestion in multiserver service systems with slowly varying arrival rates [J], Queueing Systems，1997，25（1）：157-172.

[113] GREEN L V，KOLESAR P J，WHITT W. Coping with time-varying demand when setting staffing requirements for a service system [J]. Production & Operations Management，2007，16（1）：13–39.

[114] FELDMAN Z，MANDELBAUM A，MASSEY W A，et al. Staffing of time-varying queues to achieve time-stable performance [J]. Management Science，2008，54（2）：324-338.

[115] JIMENEZ T，KOOLE G. Scaling and comparison of fluid limits of queues applied to call centers with time-varying parameters [J]. OR Spectrum，2004，26（3）：415-423.

[116] HARRISON J，ZEEVI A. A method for staffing large call centers

based on stochastic fluid models[J]. Manufacturing & Service Operation Management, 2005, 7 (1): 20-36.

[117] WHITT W. A multi-class fluid model for a contact center with skill-based routing [J]. International Journal of Electronics and Communications. 2006, 60 (2) 95-102.

[118] WHITT W. Fluid models for multiserver queues with abandonments [J]. Operations Research. 2006, 54 (1): 37-54.

[119] GURVICH I, LUEDTKE J, TEZCAN T. Staffing call-centers with uncertain demand forecasts: a chance-constraints approach [J]. Management Science, 2010, 56 (7): 1093-1115.

[120] BASSAMBOO A, RANDHAWA R S. On the accuracy of fluid models for capacity sizing in queueing systems with impatience customers [J]. Operations Research, 2010, 58 (5): 1398-1413.

[121] WALLACE R B, WHITT W. A staffing algorithm for call centers with skill-based routing [J]. Manufacturing & Service Operation Management, 2005, 7 (4): 276-294.

[122] CEZIK T, L'ECUYER P. Staffing multiskill call centers via linear programming and simulation [J]. Management Science, 2008, 54 (2): 310-323.

[123] IRAVANI S M R, KOLFAL B, OYEN M P. Call-center labor cross-training: It's a small world after all [J]. Management Science, 2007, 53 (7): 1102-1112.

[124] ROBBINS T, HARRISON T. A stochastic programming model for scheduling call centers with global service level agreements [J]. European Journal of Operational Research, 2010, 207(3):1608-1619.

[125] BERTSIMAS D, DOAN X. Robust and data-driven approaches to call centers [J]. European Journal of Operational Research, 2010, 207 (2): 1072-1085.

[126] WHITT W. Engineering solution of a basic call-center model [J]. Management Science, 2005, 51 (2): 221-235.

[127] WOLFF R. Poisson arrivals see time averages [J]. Operations Research, 1982, 30 (2): 223-231.

[128] JOUINI O，DALLERY Y. Moments of first passage times in general Birth-Death processes [J]. Mathematical Methods of Operations Research，2008，68（1）：49-76.

[129] KARAMARDIAN S，GARCIA C B. Fixed points：algorithms and applications [M]. New York. Academic Press，1977.

[130] 骆晨钟，邵惠鹤．用混沌搜索求解非线性约束优化问题 [J]. 系统工程理论与实践，2000，20（8）：54-57.

[131] 张国平，王正欧，袁国林．求解一类组合优化问题的混沌搜索法 [J]. 系统工程理论与实践，2001，21（5）：102-105.

[132] 李文勇，陈学武，陆建．交通出行诱导的离散 Stackelberg 动态博弈模型及其求解算法 [J]. 控制理论与应用，2009，26(10)：1157-1161.

[133] 张铁柱，刘志勇，滕春贤，等．基于二层规划的供应链定价决策研究 [J]. 控制与决策，2005，20（9）：992-995.

[134] 杨哲，蒲勇健．不确定性下多主从博弈中均衡的存在性 [J]. 控制与决策，2012，27（5）：736-740.

[135] BRANDT A，BRANDT M. On the M（n）/M（m）/s queue with impatient calls[J]. Performance Evaluation，1999，35（1）：1-18.

[136] BRANDT A，BRANDT M. Asymptotic results and a Markovian approximation for the M（n）/M（n）/s+GI system[J]. Queueing Systems：Theory and Applications，2002，41（1）：73-94.

[137] IRAVANI F，BALCIOGLU B. Approximations for the M/GI/N + GI type call center [J]. Queueing Systems，2008，58（2）：137-153.

[138] KAPLAN E L，MEIER P. Nonparametric estimation from incomplete observations [J]. Journal of the American Statistical Association，1958，53（282）：457-481.

[139] ROUBOS A，JOUINI O. Call centers with hyperexponential patience modeling [J]. International Journal of Production Economics，2013，141（1）：307-315.

[140] MASSEY F J. The kolmogorov-smirnov test for goodness of fit[J]. Journal of the American Statistical Association，1951，46(253)：68-78.

[141] AVERILL M L，肖田元，范文慧．仿真建模与分析 [M]. 北京：清华大学出版社，2012.

[142] ANDERSON E W，SULLIVAN M W. The antecedents and consequences of customer satisfaction for firms[J]. Marketing Science，1993，12（2）：125-143.

[143] KOOLE G，POT A. A note on profit maximization and monotonicity for inbound call centers[J]. Operations Research，2011，59(5)：1304-1308.

[144] GROSS D，HARRIS C M. Fundamentals of queueing theory [M]. 3 rd ed. Wiley，New York，1999.

[145] 陆传赉 . 排队论（第 2 版）[M]. 北京：北京邮电大学出版社，2009.

[146] 曾勇，董丽华，马建峰 . 排队现象的建模、解析与模拟 [M]. 西安：西安电子科技大学出版社，2011.

[147] LAU E K W，CHAN Wing-Sze. An Integrative Framework Capturing Customer Satisfaction and Service Quality in Call Centers [J]. Review of busines research，2012，12（3）：76-82.

[148] ZELTYN S，MANDELBAUM A. Call centers with impatient customers：many-server asymptotics of the M/M/n+G queue [J]. Queueing Systems，2005，51（3/4）：361-402.

[149] DEAN A M. Service quality in call centers：implications for customer loyalty [J]. Managing Service Quality，2002，12（6）：414-423.

[150] PUSTOVA S V. Investigation of call centers as retrial queuing systems [J]. Cybernetics and Systems Analysis，2010，46（3）：494-499.

[151] BASKETT F，CHANDY K M，MUNTZ P P，et al. Open，closed，and mixed networks of queues with different classes of customers[J]. Journal of the American Statistical Association，1975，22(2)：248-260.

[152] RUBINSTEIN R Y. Simulation and the Monte Carlo method [M]. Wiley，New York，1981.

[153] AVRAMIDIS A N，CHAN W，GENDREAU M，et al. Optimizing daily agent scheduling in a multiskill call center[J]. European Journal of Operational Research，2010，200（3）：822-832.

[154] RANDHAWA R S. Accuracy of fluid approximations for queueing systems with congestion-sensitive demand and implications for capacity sizing [J]. Operations Research Letters，2013，41（1）：27-31.

[155] BEHZAD B，TEZCAN T. Robust design and control of call centers

with flexible IVR systems [J]. Manufacturing Service Operations Management，2012，14（3）: 386-401.

[156] SHIN Y W，CHOO T S. M/M/s queue with impatient customers and retrials [J]. Applied Mathematical Modelling，2009，33（6）: 2596-2606.

[157] SHIN Y W，MOON D H. Approximations of retrial queue with limited number of retrials[J]. Computers & Operations Research，2010，37（1）: 262-270.

[158] ROUBOS D，BHULAI S. Approximate Dynamic Programming techniques for the control of time-varying queueing systems applied to call centers with abandonments and retrials[J]. Probability in the Engineering & Informational Sciences，2010，24（1）: 27-45.

[159] DOUCET A，FREITAS N，GORDON N. Sequential Monte Carlo methods in practice，statistics for engineering and information science [M]. New York，SpringerVerlag，2001.

[160] 龚纯，王正林 . MATLAB 语言常用算法程序集 [M].2 版 . 北京：电子工业出版社，2012.

[161] AGUIR M S，AKSIN O Z，KARAESMEN F，et al. On the interaction between retrials and sizing of call center [J]. European Journal of Operational Research，2008，191（2）: 398-408.